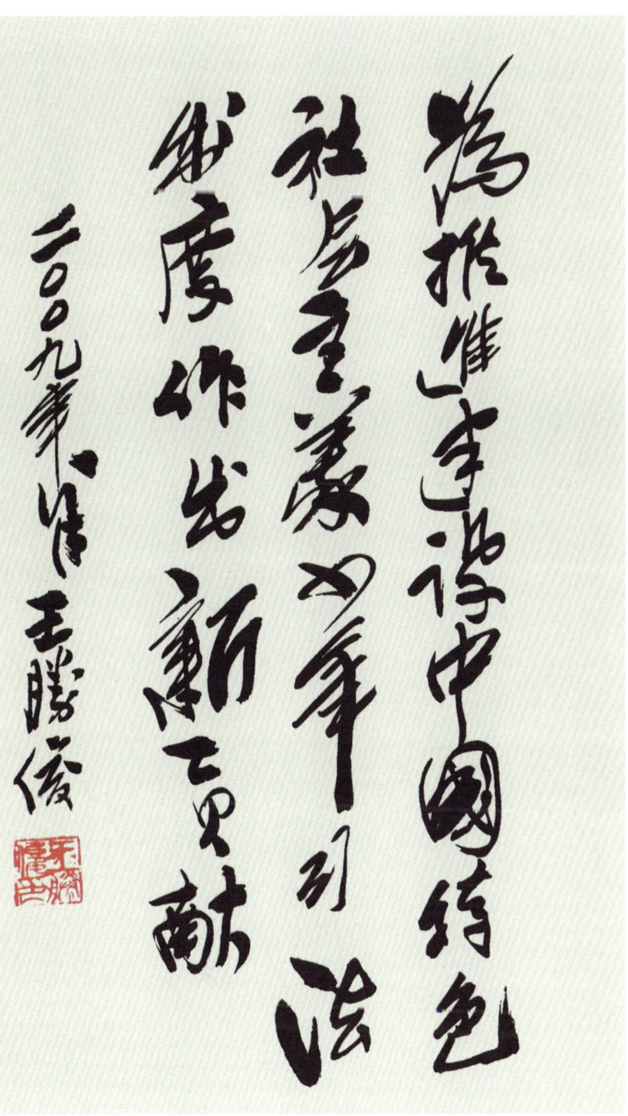

U0898110

中国少年司法

2019 年第 2 辑　（总第 40 辑）

杨万明 主编

最高人民法院少年法庭指导小组　编

人 民 法 院 出 版 社

图书在版编目（CIP）数据

中国少年司法．2019年．第2辑：总第40辑/杨万明主编；最高人民法院少年法庭指导小组编．--北京：人民法院出版社，2019.12

ISBN 978-7-5109-2755-3

Ⅰ．①中… Ⅱ．①杨… ②最… Ⅲ．①青少年犯罪—司法制度—研究—中国 Ⅳ．①D926.8

中国版本图书馆CIP数据核字（2019）第294868号

中国少年司法 2019年第2辑（总第40辑）

主编 杨万明

最高人民法院少年法庭指导小组 编

责任编辑 范春雪 **执行编辑** 杨晓燕

出版发行 人民法院出版社

地　　址 北京市东城区东交民巷27号（100745）

电　　话 （010）67550525（责任编辑） 67550558（发行部查询）
65223677（读者服务部）

客服QQ 2092078039

网　　址 http://www.courtbook.com.cn

E-mail courtpress@sohu.com

印　　刷 三河市国英印务有限公司

经　　销 新华书店

开　　本 787毫米×1092毫米 1/16

字　　数 199千字

印　　张 12.25

版　　次 2019年12月第1版 2019年12月第1次印刷

书　　号 ISBN 978-7-5109-2755-3

定　　价 50.00元

《中国少年司法》编辑委员会

执行编辑 岳 琳 江 媞

特约编辑 宋 莹（北京） 郝宝利（天津） 崔雪芹（河北）
董开宇（山西） 米继红（内蒙古） 赵英东（辽宁）
罗高鹏（吉林） 韩丽伟（黑龙江） 张世欣（上海）
吴万江（江苏） 郑晓红（浙江） 陈吉双（安徽）
江振民（福建） 刘晓云（江西） 罗 莹（山东）
韩 轩（河南） 武成凤（湖北） 伍玉联（湖南）
莫君早（广东） 吴莹（广西） 郑兰清（海南）
高 倩（四川） 张永成（贵州） 孙 杰（云南）
关 峰（西藏） 胡渡渝（重庆） 王琪轩（陕西）
袁亚伟（甘肃） 王新林（青海） 路 华（宁夏）
郭利柱（新疆）

目　录

【领导讲话】

加强少年审判工作　促进未成年人健康成长 …………………… (1)

【规范性文件】

民政部　最高人民法院　最高人民检察院　发展改革委　教育部
公安部　司法部　财政部　国家医保局　共青团中央　全国妇联
中国残联
关于进一步加强事实无人抚养儿童保障工作的意见
(2019 年 6 月 18 日) ………………………………………… (3)
教育部　最高人民法院　最高人民检察院　公安部　司法部
关于完善安全事故处理机制　维护学校教育教学秩序的意见
(2019 年 6 月 25 日) ……………………………………… (10)
依法治理“校闹”为学校办学安全托底
——教育部政策法规司负责人就《教育部等五部门关于完善安全事故处理机制 维护学校教育教学秩序的意见》答记者问 ………………………………………… (16)

【“六一”活动专题精选】

专题一　最高人民法院举行“六一”儿童节公众开放日活动

充分发挥审判职能作用　全力保障少年儿童健康成长
——在最高人民法院开放日暨法治教育图书捐赠仪式上的讲话 …………………………………… 杨万明 (22)
最高人民法院“法治教育图书捐赠活动”中小学生问答 ……… (25)

专题二 最高人民法院发布保护未成年人权益十大优秀案例

最高人民法院关于“保护未成年人权益十大优秀案例”
新闻发布稿 …………………………………………… 姜启波（30）
最高人民法院关于“保护未成年人权益十大优秀案例”
新闻发布会答记者问 …………………………………………（33）
保护未成年人权益十大优秀案例 ……………………………（38）

【改革探索】

司法改革背景下基层法院少年法庭发展路径选择
——少年审判与家事审判合并运行的改革模式探析
………………………………… 邵明艳 贾 薇 徐晓丽（50）
分立与合并：论内设机构改革中少年法庭与家事法庭的
关系处理 ……………………………………… 赵芳芳 孙 彪（65）
以强制性亲职教育问责教养失职监护人
——罪错未成年人之监护人法律责任探究
………………………………………………… 游 涛 张 莹（77）

【理论研究】

反思与重构：未成年人刑事案件圆桌审判方式的适用
及其标准化研究 ………………………………………… 管元梓（91）
中国失踪儿童的特征分析
——兼论建立儿童失踪的风险标准 ……… 周俊山 陈小燕（107）
未成年人权益保护创新发展白皮书（2009－2019）
………………………………… 北京市第一中级人民法院（123）

【域外考察与借鉴】

美国儿童保护简史 ……［美］约翰 E. B. 迈尔斯 余喜（译）（172）

【领导讲话】

加强少年审判工作　促进未成年人健康成长

2019年5月21日上午，最高人民法院党组书记、院长周强主持召开最高人民法院党组会议，听取少年审判工作汇报，对加强少年审判工作进行研究部署。周强强调，要坚持以习近平新时代中国特色社会主义思想为指导，适应新时代要求，不断健全完善中国特色少年司法制度，进一步加强少年审判工作，充分发挥司法职能作用，更加有效地维护未成年人合法权益，促进未成年人健康成长。

周强强调，党和国家历来高度重视少年儿童健康成长，习近平总书记发表一系列重要论述，为加强少年儿童工作指明了前进方向、提供了根本遵循。各级法院要认真学习贯彻习近平总书记关于加强少年儿童工作的重要论述精神，切实增强责任感、使命感，进一步提高政治站位，从确保亿万家庭幸福安宁、实现中华民族伟大复兴的高度，深刻认识和把握加强少年审判工作的重大意义，充分发挥司法职能作用，努力为少年儿童健康成长营造良好环境。

周强指出，人民法院专业化少年审判工作经历三十多年发展，取得显著成就。少年法庭从无到有、从少到多，不断壮大，成为人民法院的重要审判机构。少年法庭依法惩治了大量侵害未成年人合法权益的犯罪行为，教育挽救了一大批失足未成年人，探索形成了具有中国特色的少年审判制度和工作机制，培养锻造了一支高素质少年审判队伍。

周强指出，当前党和国家更加关心重视未成年人保护工作，少年审判工作面临着重要发展机遇，也面临着挑战考验。要深刻分析形势，准确把握要求，认真总结经验、巩固成果，推动少年审判工作在新的历史条件下不断发展进步。要坚持少年审判专业化发展方向，少年法庭建设要坚持机构专门化、审判专业化、队伍职业化。要统筹谋划、协调推动少年、家事审判改革，促进少年审判与家事审判融合发展，同时保持相对独立。最高人民法院要进一步加强对少年家事审判工作的指导，进一步健全少年家事审判机制。

周强要求，要加强对新情况新问题的研究，不断提升少年审判工作成效。要加强对少年审判工作的理论研究，积极推动实践创新，促进中国特色少年司法制度不断发展完善。要着眼于预防工作，充分发挥司法裁判的教育、指引作用，切实加强对少年审判案件大数据的研究利用，积极提出司法建议，在预防未成年人违法犯罪、防范侵害未成年人权益上下功夫。要提高工作精细化水平，坚持问题和需求导向，坚持落实落细落小，不断提升为未成年人保护工作提供司法服务保障的针对性、实效性。要加强与工会、共青团、妇联等群团组织的联系，加强协调配合，形成强大合力，共同推动少年审判工作发展，更加有效地维护未成年人合法权益。

最高人民法院研究室汇报了少年审判工作有关情况。当前我国已成为世界上青少年犯罪率和重新犯罪率最低的国家之一，少年审判对教育挽救失足未成年人意义重大、成效显著，被誉为“特殊的希望工程”。

最高人民法院院领导江必新、姜伟、张述元、高憬宏、马世忠、罗东川、刘海泉出席会议，院领导陶凯元、胡云腾、刘贵祥、裴显鼎、贺小荣列席会议。

（载《人民法院报》2019年5月28日）

【规范性文件】

民政部　最高人民法院　最高人民检察院　发展改革委　教育部　公安部　司法部　财政部　国家医保局　共青团中央　全国妇联　中国残联关于进一步加强事实无人抚养儿童保障工作的意见

2019年6月18日　　　　民发〔2019〕62号

各省、自治区、直辖市民政厅（局）、高级人民法院、人民检察院、发展改革委、教育厅（教委）、公安厅（局）、司法厅（局）、财政厅（局）、医保局、团委、妇联、残联，新疆生产建设兵团民政局、新疆维吾尔自治区高级人民法院生产建设兵团分院，新疆生产建设兵团人民检察院、发展改革委、教育局、公安局、司法局、财政局、医保局、团委、妇联、残联：

为深入学习贯彻习近平新时代中国特色社会主义思想，全面贯彻党的十九大和十九届二中、三中全会精神，认真落实习近平总书记关于民政工作的重要指示精神，坚持以人民为中心的发展思想，聚焦脱贫攻坚，聚焦特殊群体，聚焦群众关切，推动落实《国务院关于加强困境儿童保障工作的意见》（国发〔2016〕36号）要求，进一步加强事实无人抚养儿童保障工作，提出如下意见：

一、明确保障对象

事实无人抚养儿童是指父母双方均符合重残、重病、服刑在押、强制隔离戒毒、被执行其他限制人身自由的措施、失联情形之一的儿童；或者父母一方死亡或失踪，另一方符合重残、重病、服刑在押、强制隔离戒毒、被执行其他限制人身自由的措施、失联情形之一的儿童。

以上重残是指一级二级残疾或三级四级精神、智力残疾；重病由各地根据当地大病、地方病等实际情况确定；失联是指失去联系且未履行监护抚养责任6个月以上；服刑在押、强制隔离戒毒或被执行其他限制人身自由的措施是指期限在6个月以上；死亡是指自然死亡或人民法院宣告死亡，失踪是指人民法院宣告失踪。

二、规范认定流程

（一）申请。事实无人抚养儿童监护人或受监护人委托的近亲属填写《事实无人抚养儿童基本生活补贴申请表》（见附件），向儿童户籍所在地乡镇人民政府（街道办事处）提出申请。情况特殊的，可由儿童所在村（居）民委员会提出申请。

（二）查验。乡镇人民政府（街道办事处）受理申请后，应当对事实无人抚养儿童父母重残、重病、服刑在押、强制隔离戒毒、被执行其他限制人身自由的措施、失联以及死亡、失踪等情况进行查验。查验一般采取部门信息比对的方式进行。因档案管理、数据缺失等原因不能通过部门信息比对核实的，可以请事实无人抚养儿童本人或其监护人、亲属协助提供必要补充材料。乡镇人民政府（街道办事处）应当在自收到申请之日起15个工作日内作出查验结论。对符合条件的，连同申报材料一并报县级民政部门。对有异议的，可根据工作需要采取入户调查、邻里访问、信函索证、群众评议等方式再次进行核实。为保护儿童隐私，不宜设置公示环节。

（三）确认。县级民政部门应当在自收到申报材料及查验结论之日起15个工作日内作出确认。符合条件的，从确认的次月起纳入保障范围，同时将有关信息录入“全国儿童福利信息管理系统”。不符合保障条件的，应当书面说明理由。

（四）终止。规定保障情形发生变化的，事实无人抚养儿童监护人或受委托的亲属、村（居）民委员会应当及时告知乡镇人民政府（街道办事处）。乡镇人民政府（街道办事处）、县级民政部门要加强动态管理，对不再符合规定保障情形的，应当及时终止其保障资格。

三、突出保障重点

（一）强化基本生活保障。各地对事实无人抚养儿童发放基本生活补贴，应当根据本地区经济社会发展水平以及儿童关爱保护工作需要，按照与当地孤儿保障标准相衔接的原则确定补贴标准，参照孤儿基本生活费发放办法确定发放方式。中央财政比照孤儿基本生活保障资金测算方法，通过困难群众救助补助经费渠道对生活困难家庭中的和纳入特困人员救助供养范围的事实无人抚养儿童给予适当补助。生活困难家庭是指建档立卡贫困户家庭、城乡最低生活保障家庭。已获得最低生活保障金、特困人员救助供养金或者困难残疾人生活补贴且未达到事实无人抚养儿童基本生活保障补贴标准的进行补差发放，其他事实无人抚养儿童按照补贴标准全额发放。已全额领取事实无人抚养儿童补贴的儿童家庭申请最低生活保障或特困救助供养的，事实无人抚养儿童基本生活补贴不计入家庭收入，在享受低保或特困救助供养待遇之后根据人均救助水平进行重新计算，补差发放。已全额领取事实无人抚养儿童补贴的残疾儿童不享受困难残疾人生活补贴。

（二）加强医疗康复保障。对符合条件的事实无人抚养儿童按规定实施医疗救助，分类落实资助参保政策。重点加大对生活困难家庭的重病、重残儿童救助力度。加强城乡居民基本医疗保险、大病保险、医疗救助有效衔接，实施综合保障，梯次减轻费用负担。符合条件的事实无人抚养儿童可同时享受重度残疾人护理补贴及康复救助等相关政策。

（三）完善教育资助救助。将事实无人抚养儿童参照孤儿纳入教育资助范围，享受相应的政策待遇。优先纳入国家资助政策体系和教育帮扶体系，落实助学金、减免学费政策。对于残疾事实无人抚养儿童，通过特殊教育学校就读、普通学校就读、儿童福利机构特教班就读、送教上门等多种方式，做好教育安置。将义务教育阶段的事实无人抚养儿童列为享受免住宿费的优先对象，对就读高中阶段（含普通高中及中职学校）的事实无人抚养儿童，根据家庭困难情况开展结对帮扶和慈善救助。完善义务教育控辍保学工作机制，依法完成义务教育。事实无人抚养儿童成年后仍在校就读的，按国家有关规定享受相应政策。

（四）督促落实监护责任。人民法院、人民检察院和公安机关等部门应当依法打击故意或者恶意不履行监护职责等各类侵害儿童权益的违法犯罪行为，根据情节轻重依法追究其法律责任。对符合《最高人民法院 最高人民检察院 公安部 民政部关于依法处理监护人侵害未成年人权益行为若干问题的意见》（法发〔2014〕24号）规定情形的，应当依法撤销监护人监护资格。对有能力履行抚养义务而拒不抚养的父母，民政部门可依法追索抚养费，因此起诉到人民法院的，人民法院应当支持。民政部门应当加强送养工作指导，创建信息对接渠道，在充分尊重被送养儿童和送养人意愿的前提下，鼓励支持有收养意愿的国内家庭依法收养。加大流浪儿童救助保护力度，及时帮助儿童寻亲返家，教育、督促其父母及其他监护人履行抚养义务，并将其纳入重点关爱对象，当地未成年人救助保护机构每季度应当至少组织一次回访，防止其再次外出流浪。

（五）优化关爱服务机制。完善法律援助机制，加强对权益受到侵害的事实无人抚养儿童的法律援助工作。维护残疾儿童权益，大力推进残疾事实无人抚养儿童康复、教育服务，提高保障水平和服务能力。充分发挥儿童福利机构、未成年人救助保护机构、康复和特教服务机构等服务平台作用，提供政策咨询、康复、特教、养护和临时照料等关爱服务支持。加强家庭探访，协助提供监护指导、返校复学、落实户籍等关爱服务。加强精神关爱，通过政府购买服务等方式，发挥共青团、妇联等群团组织的社会动员优势，引入专业社会组织和青少年事务社工，提供心理咨询、心理疏导、情感抚慰等专业服务，培养健康心理和健全人格。

四、强化保障措施

（一）加强组织领导。各地要充分认识推进事实无人抚养儿童保障工作的重大意义，将其作为保障和改善民生的重要任务，及时研究解决事实无人抚养儿童保障工作中存在的实际困难和问题。抓紧制定政策措施，切实贯彻与当地孤儿保障标准相衔接的原则要求，加强与相关社会福利、社会救助、社会保险等制度有效衔接，做到应保尽保、不漏一人。落实工作责任，明确职责分工，细化业务流程，健全跟踪调研和督促落实机制，确保事实无人抚养儿童保障工作顺利推进。

（二）加强部门协作。民政部门应当履行主管部门职责，做好资格确认、生活补贴发放、综合协调和监督管理等工作。对认定过程中处境危急的儿童，应当实施临时救助和监护照料。人民法院应当对申请宣告儿童父母失踪、死亡及撤销父母监护权等案件设立绿色通道，及时将法律文书抄送儿童户籍地县级民政部门、乡镇人民政府（街道办事处），实现信息实时共享。人民检察院应当对涉及儿童权益的民事诉讼活动进行监督，必要时可以支持起诉维护合法权益，对有关部门不履行相关职责的应当提出依法履职的检察建议。公安部门应当加大对失联父母的查寻力度，对登记受理超过6个月仍下落不明的，通过信息共享、书面函复等途径，向民政部门或相关当事人提供信息查询服务。财政部门应当加强资金保障，支持做好事实无人抚养儿童保障等相关工作。共青团应当充分动员青年社会组织和青少年事务社工，指导少先队组织，依托基层青少年服务阵地，配合提供各类关爱和志愿服务。妇联组织应当发挥村（居）妇联主席和妇联执委作用，提供家庭教育指导、关爱帮扶及权益维护等服务。公安、司法、刑罚执行机关在办案中发现涉案人员子女或者涉案儿童属于或者可能属于事实无人抚养儿童的，应当及时通报其所在地民政部门或乡镇人民政府（街道办事处）。民政、公安、司法、医疗保障、残联等部门和组织应当加强工作衔接和信息共享，为开展查验工作提供支持，切实让数据多跑路、让群众少跑腿。

（三）加强监督管理。健全信用评价和失信行为联合惩戒机制，将存在恶意弃养情形或者采取虚报、隐瞒、伪造等手段骗取保障资金、物资或服务的父母及其他监护人失信行为记入信用记录，纳入全国信用信息共享平台，实施失信联合惩戒。对于监护人有能力支配保障金的，补贴发放至其监护人，并由监护人管理和使用；监护人没有能力支配的，补贴发放至儿童实际抚养人或抚养机构，并明确其对儿童的抚养义务。财政、民政部门要加强资金使用管理，提高财政资金绩效，防止发生挤占、挪用、冒领、套取等违法违规现象，对存在违法违规行为的，要按照相关规定进行处理。

（四）加强政策宣传。充分利用报纸、电台、电视、网络等新闻媒体，大力开展事实无人抚养儿童保障政策宣传，使社会各界广泛了解党和政府的爱民之心、惠民之举，帮助事实无人抚养儿童及其监护人准确知晓保障对象范围、补助标准和申请程序。动员引导社会力量关心、支持事实无人抚养儿童帮扶救助工作，为儿童及其家庭提供多样化、个性化服务，营造良好氛围。

各省、自治区、直辖市可根据本意见精神，在2019年10月底之前制定完善本地事实无人抚养儿童保障政策，民政部将会同财政部等相关部门督促各地做好贯彻落实工作。

附件：

事实无人抚养儿童基本生活补贴申请表

编号：

<table>
<tr><td>姓　　名</td><td colspan="2"></td><td>性　　别</td><td colspan="2"></td><td rowspan="4">近期
免冠
照片</td></tr>
<tr><td>出生日期</td><td colspan="2"></td><td>民　　族</td><td colspan="2"></td></tr>
<tr><td>户籍状况</td><td colspan="2"></td><td>户籍所在地</td><td colspan="2"></td></tr>
<tr><td>申请日期</td><td colspan="2"></td><td>身份证号</td><td colspan="2"></td></tr>
<tr><td>儿童现住址</td><td colspan="6"></td></tr>
<tr><td rowspan="3">儿童父母情况</td><td>关系</td><td>姓名</td><td>身份证号码</td><td colspan="2">现状况</td><td>联系电话</td></tr>
<tr><td>父亲</td><td></td><td></td><td colspan="2">□死亡 □失踪 □重病 □重残 □失联 □服刑在押 □强制隔离戒毒 □被执行其他限制人身自由的措施 □其他____。</td><td></td></tr>
<tr><td>母亲</td><td></td><td></td><td colspan="2">□死亡 □失踪 □重病 □重残 □失联 □服刑在押 □强制隔离戒毒 □被执行其他限制人身自由的措施 □其他____。</td><td></td></tr>
<tr><td>儿童身体状况</td><td colspan="6">□健康 □视力残疾 □听力残疾 □言语残疾 □智力残疾 □肢体残疾 □精神残疾 □多重残疾 □重病 □其他：</td></tr>
<tr><td>儿童工学情况</td><td colspan="6">□学龄前 □小学 □初中 □高中或职业高中 □技校 □中专 □大专 □失学 □特教 □无就学能力 □待业 □就业 □其他：</td></tr>
<tr><td rowspan="3">履行监护责任人员情况</td><td>姓名</td><td>性别</td><td>关系</td><td>身份证号码</td><td>工作单位或家庭住址</td><td>联系电话</td></tr>
<tr><td></td><td></td><td></td><td></td><td></td><td></td></tr>
<tr><td></td><td></td><td></td><td></td><td></td><td></td></tr>
</table>

<table>
<tr><td rowspan="3">其他主要
社会关系</td><td>姓名</td><td>性别</td><td>关系</td><td>身份证号码</td><td colspan="2">工作单位或家庭住址</td><td>联系电话</td></tr>
<tr><td></td><td></td><td></td><td></td><td colspan="2"></td><td></td></tr>
<tr><td></td><td></td><td></td><td></td><td colspan="2"></td><td></td></tr>
<tr><td colspan="8">基本生活补贴发放情况</td></tr>
<tr><td>领取方式</td><td colspan="3">□现金领取 □银行转账</td><td>起领年月</td><td></td><td>保障金额</td><td></td></tr>
<tr><td>开户人</td><td></td><td>领取人</td><td></td><td colspan="2">领取人与儿童关系</td><td colspan="2"></td></tr>
<tr><td>开户银行</td><td colspan="3"></td><td>银行账号</td><td colspan="3"></td></tr>
<tr><td>其他救助情况</td><td colspan="7"></td></tr>
<tr><td>诚信承诺情况</td><td colspan="7">（我保证以上所有信息真实、准确、有效，如有不实，自愿退还已领取的所有生活费并承担失信后果）　　（签名）</td></tr>
<tr><td>乡镇人民政府
（街道办事处）
查验意见</td><td colspan="7">经查验，＿＿＿＿符合事实无人抚养儿童保障条件，建议予以确认。

经办人：　查验人：　负责人：　（单位盖章）
查验日期：＿＿年＿＿月＿＿日</td></tr>
<tr><td>县级民政部门
确认意见</td><td colspan="7">经复核，＿＿＿＿符合事实无人抚养儿童保障条件，予以确认，从＿＿＿＿年＿＿＿月起发放基本生活费补贴。

经办人：　复核人：　确认人：　（单位盖章）
确认日期：＿＿年＿＿月＿＿日</td></tr>
</table>

备注：此表一式三份，分别由儿童监护人、乡镇人民政府、县级民政部门各存一份。

教育部　最高人民法院
最高人民检察院　公安部　司法部

关于完善安全事故处理机制维护学校教育教学秩序的意见

2019年6月25日　　　　教政法〔2019〕11号

各省、自治区、直辖市教育厅（教委）、高级人民法院、人民检察院、公安厅（局）、司法厅（局），新疆生产建设兵团教育局、新疆维吾尔自治区高级人民法院生产建设兵团分院、新疆生产建设兵团人民检察院、公安局、司法局：

为贯彻落实全国教育大会精神，完善学校安全事故预防与处理机制，形成依法依规、客观公正、多元参与、部门协作的工作格局，为学校（含幼儿园）办学安全托底，解决学校后顾之忧，维护老师和学校应有的尊严，保护学生生命安全，根据教育法、治安管理处罚法、刑法等法律法规和《国务院办公厅关于加强中小学幼儿园安全风险防控体系建设的意见》等有关规定，现提出如下意见。

一、健全学校安全事故预防与处置机制

1. 着重加强学校安全事故预防。各级教育部门要依法加强对学校安全工作的督导、检查，会同、配合有关部门加强对学校校舍、场地、消防、食品安全和传染病防控等事项的监管，指导学校完善安全风险防控体系，完善学校安全管理组织机构和责任体系，健全问责机制。各级各类学校要树立预防为先的理念，落实安全标准，健全安全管理制度，完善安全风险排查和防范机制，压实安全责任，加强学生的安全教育、法治教育、生命

教育和心理健康教育，建立并严格执行学校教职工聘用资质检查制度，从源头上预防和消除安全风险，杜绝责任事故。健全学校安全隐患投诉机制，对学生、家长和相关方面就学校安全存在问题的投诉、提出的意见建议，及时办理回复。

2. 规范学校安全事故处置程序。各级教育部门要指导、监督学校健全安全事故处置机制，制定处置预案、明确牵头部门、规范处置程序，完善报告制度，提高工作规范化、科学化、专业化水平。安全事故发生后，学校应当立即启动预案，及时开展救助。发生重大事故，要建立由学校主要负责人牵头的处置机制，必要时由当地人民政府或者学校主管部门、其他相关部门牵头处理。学校应当建立便捷的沟通渠道，及时通知受伤害者监护人或者近亲属，告知事故纠纷处理的途径、程序和相关规定，主动协调，积极引导以法治方式处置纠纷。学校要关心受伤害者，保障受伤害者及其监护人、近亲属的知情权和依法合理表达诉求的权利。

3. 健全学校安全事故处理的法律服务机制。司法行政机关应当组织法律援助机构依法为符合条件的学校安全事故受伤害者提供法律援助，指导律师事务所、公证机构等为当事人提供法律服务，指导律师做好代理服务工作，引导当事人依法、理性表达意见，合理提出诉求。有条件的地方可以设立学生权益法律保护中心，以政府购买服务等方式，聘请法律专业服务机构或人员，为学生提供法律服务。纠纷处理过程中，需要鉴定以明确责任的，由双方共同委托或者经当事人申请，由主持调解的机构、组织委托司法鉴定机构进行鉴定。

4. 形成多元化的学校安全事故损害赔偿机制。学校或者学校举办者应按规定投保校方责任险，有条件的可以购买校方无过失责任险和食品安全、校外实习、体育运动伤害等领域的责任保险。要通过财政补贴、家长分担等多种渠道筹措经费，推动设立学校安全综合险，加大保障力度。要增强师生和家长的保险意识，引导家长为学生购买人身保险，有条件的地方可以予以补贴。学校可以引导、利用社会捐赠资金等设置安全风险基金或者学生救助基金，健全救助机制。鼓励有条件的地方建立学校安全赔偿准备基金，或者开展互助计划，健全学校安全事故赔偿机制。

二、依法处理学校安全事故纠纷

5. 健全学校安全事故纠纷协商机制。学校安全事故责任明确、各方无重大分歧或异议的，可以协商解决。协商解决纠纷应当坚持自愿、合法、平等的原则，尊重客观事实、注重人文关怀，文明、理性表达意见和诉求。学校应当指定、委托协商代表，或者由法治副校长、学校法律顾问等专业人员主持或参与协商。协商一般应在配置录音、录像、安保等条件的场所进行。受伤害者亲属人数较多的，应当推举代表进行协商，代表人数一般不超过5人并相对固定。双方经协商达成一致的，应当签署书面协议。推动学校建立专业化的安全事故处理委员会，统筹学校安全事故预防与处置。

6. 建立学校安全事故纠纷调解制度。教育部门应当会同司法行政机关推进学校安全事故纠纷调解组织建设，聘任人大代表、政协委员、法治副校长、教育和法律工作者等具备相应专业知识或能力的人员参与调解。建立由教育、法律、医疗、保险、心理、社会工作等方面专业人员组成的专家咨询库，为调解工作提供支持和服务。市县两级行政区域内可根据需要设立学校安全事故人民调解委员会，对学校难于自行协商或者协商不成的安全事故纠纷实现能调尽调。司法行政机关应当会同教育部门、人民法院加强对学校安全事故人民调解委员会的指导，帮助完善受理、调解、回访、反馈等各项工作制度，加强人民调解员队伍建设和业务培训，确保调解依法、规范、公正、有效进行。地方教育部门根据需要可以直接组织行政调解。区域内的高等学校可以加强合作，联合建立事故纠纷调处机制。

7. 依法裁判学校安全事故侵权责任。人民法院对起诉的学校安全事故侵权赔偿案件应当及时立案受理，积极开展诉讼调解，对调解不成的，要按照《中华人民共和国侵权责任法》和相关法律法规，参照《学生伤害事故处理办法》等规章，明确划分责任，及时依法判决；对学校已经依法履行教育、管理职责，行为无过错的，应当依法裁判学校不承担责任。诉讼调解、裁判过程中，要切实保护双方权利，杜绝片面加重学校赔偿责任的情形。最高人民法院通过发布指导性案例等方式，加强审判指导。人民法院在诉讼过程中应当加强法律宣传教育，并做好判后释疑工作。

8. 杜绝不顾法律原则的“花钱买平安”。学校安全事故纠纷处理过程中，要坚守法律底线，根据事故客观事实和法律法规规定，明确各方责任。责任认定前，学校不得赔钱息事。经认定，学校确有责任的，要积极主动、按标准依法确定赔偿金额，给予损害赔偿，不得推诿塞责、拖延不办。学校负责人或者直接管理者有责任的，学校主管部门应当依法依规及时处理、严肃问责。学校无责任的，要澄清事实、及时说明。任何组织和个人不得非法干涉纠纷处理。坚决避免超越法定责任边界，片面加重学校负担、"花钱买平安"，坚决杜绝"大闹大赔""小闹小赔"。原则上，公办中小学、幼儿园人身伤害事故纠纷涉及赔偿金额请求较大的，应当积极引导当事人通过人民调解等方式解决。各地可以根据实际，规定公办中小学校、幼儿园协商赔偿的限额。

三、及时处置、依法打击"校闹"行为

9. 及时制止"校闹"行为。学校安全事故处置过程中，如发生家属及其他校外人员实施围堵学校、在校园内非法聚集、聚众闹事等扰乱学校教育教学和管理秩序，侵犯学校和师生合法权益等"校闹"行为的，学校应当立即向所在地公安机关报案，提供当事方人数、具体行为、有无人员受伤等现场情况，并保护好现场，配合公安机关做好调查取证等工作。公安机关到达前，学校保卫部门可依法采取必要的措施，阻止相关人员进入教育教学区域，防止其干扰教育教学活动。公安机关接到报案后应当立即组织警力赶赴现场，维持现场秩序，控制事态，协助有关部门进行疏导劝阻，防止事态扩大。对现场发生的违法犯罪行为，要坚决果断制止，对涉嫌违法犯罪人员依法查处。

10. 依法惩处"校闹"人员。实施下列"校闹"行为，构成违反治安管理行为的，公安机关应当依照治安管理处罚法相关规定予以处罚：(1)殴打他人、故意伤害他人或者故意损毁公私财物的；(2)侵占、毁损学校房屋、设施设备的；(3)在学校设置障碍、贴报喷字、拉挂横幅、燃放鞭炮、播放哀乐、摆放花圈、泼洒污物、断水断电、堵塞大门、围堵办公场所和道路的；(4)在学校等公共场所停放尸体的；(5)以不准离开工作场所等方式非法限制学校教职工、学生人身自由的；(6)跟踪、纠缠学校相关负责人，侮辱、恐吓教职工、学生的；(7)携带易燃易爆危险物品和管制器具进入学校的；(8)其他扰乱学校教育教学秩序或侵害他人人身财产权益的行为。"校闹"行为造成学校、教职工、学生财产损失或人身伤害，被侵权人依法追究"校闹"人员侵权责任的，应当予以支持。同时，可以

通过联合惩戒机制，对实施“校闹”、聚众扰乱社会秩序的人员实施惩戒。

11. 严厉打击涉及“校闹”的犯罪行为。实施“校闹”行为涉嫌构成寻衅滋事罪、聚众扰乱社会秩序罪、故意毁坏财物罪、非法拘禁罪、故意伤害罪和聚众扰乱公共场所秩序、交通秩序罪等，需要追究刑事责任的，公安机关要依法及时立案侦查，全面客观地收集、调取证据，确保侦查质量。人民检察院应当及时依法批捕、起诉。人民法院应当加快审理进度，在全面查明案件事实的基础上依法准确定罪量刑。对故意扩大事态，教唆他人实施针对学校和教职工、学生的违法犯罪行为，或者以受他人委托处理纠纷为名实施敲诈勒索、寻衅滋事等行为的，依法从严惩处。

师生、家长或者校外人员因其他原因在校内非法聚集、游行或者实施其他影响学校正常教育教学秩序行为的，参照上述规定予以处置。

四、建立多部门协调配合工作机制

12. 加强学校及周边安全风险防控。各地要加强校园周边综合治理，在城镇幼儿园、中小学周边全面实行学生安全区域制度。教育部门应当会同公安机关指导学校建立健全突发事件预警应对机制和警校联动联防联控机制，提高应对突发事件的现场处置能力。公安机关要加强校园及周边警务室建设，加强校园周边巡逻防控，及时受理报警求助。

13. 有效应对涉及学校安全事故纠纷的舆情。学校要做好安全事故的信息发布工作，按照规定主动、适时公布或者通报事故信息；在处置预案中明确接待媒体、应对舆情的部门和人员，增强舆情应对的意识和能力。对恶意炒作、报道严重失实的，学校要及时发声、澄清事实。对有较大影响的安全事故事件，属地教育部门应在党委、政府统一领导下，会同相关部门做好舆情引导工作。对于虚假报道引起社会不良影响的，学校应当向有关部门反映或提起诉讼，追究其侵权责任。

14. 营造依法解决学校安全事故纠纷的社会氛围。推动学校安全法律制度建设，鼓励各地制定或修改、完善学校安全方面的地方性法规。司法行政机关要协调指导有关部门加强法治宣传教育，增强社会公众的法治意识，培养尊法学法守法用法的社会氛围，推动形成依法理性解决学校安全事故纠纷的共识。要通过家长学校、家长委员会等多种方式拓宽学生父母或其他监护人参与学校管理和监督的渠道，加强对学生父母或其他监护人的法治宣传，形成和谐家校关系。学校要切实树立依法治校、依法办学理念，通过法治思维和法治方式化解矛盾纠纷，不得为防止发生安全事故而限制或取消正常的课间活动、体育活动和其他社会实践活动。

15. 建立学校安全工作部门协调机制。各地、各有关部门要深刻认识保障学校安全的重要意义，加强组织领导与协调配合，形成工作合力。地方教育部门应当积极协调相关部门建立联席会议等工作制度，定期互通信息，及时研究解决问题，共同维护学校安全，切实为学校办学安全托底，解除学校后顾之忧，保障学校安心办学、静心育人。

各地可以结合实际，制定贯彻实施本意见的具体办法。

依法治理“校闹”为学校办学安全托底

——教育部政策法规司负责人就《教育部等五部门关于完善安全事故处理机制维护学校教育教学秩序的意见》答记者问

日前，教育部等五部门印发《关于完善安全事故处理机制 维护学校教育教学秩序的意见》（以下简称《意见》）。为此，教育部政策法规司负责人就有关问题回答记者提问。

1. 请简单介绍一下《意见》制定出台的背景。

答：习近平总书记在全国教育大会上强调，各级党委和政府要为学校办学安全托底，解决学校后顾之忧，维护老师和学校应有的尊严。近年来，因学校安全事故等引发的“校闹”事件在各地时有发生，侵害学校、师生合法权益，挑战法律底线，影响社会稳定。2017年国务院办公厅印发的《关于加强中小学幼儿园安全风险防控体系建设的意见》对“校闹”治理做了原则规定，但实践中还缺乏有针对性的具体政策举措，各地和学校在预防和处置“校闹”的体制机制还不健全，缺乏独立、权威、有效的纠纷化解机制、风险分担机制和“校闹”处置机制。一些地方往往息事宁人、“花钱买平安”，学校承担了不应当承担的责任和压力。基层教育部门和学校普遍反映，学校安全事故等引发的“校闹”问题已成为教育管理和学校办学过程中的难点痛点问题，导致一些学校不敢正常开展体育教学、课外活动，干扰了素质教育的实施。“校闹”行为破坏法治底线，也不利于学生法治观念和规则意识的养成，影响立德树人根本任务落实。

为贯彻落实习近平总书记重要讲话精神，解除学校后顾之忧，教育部自2018年底开始研究制订治理“校闹”的专门文件。文件起草过程中，全国政协给予直接指导，2018年12月以治理“校闹”为主题专门召开对口协商座谈会。中央政法委、最高人民法院、最高人民检察院、公安部、司法部等部门给予了大力支持。许多全国人大代表、全国政协委员也非常关心"校闹"治理问题，提出了相关建议和提案。经深入调研论证和广泛征求意见，教育部会同最高人民法院、最高人民检察院、公安部、司法部，研究制定了《意见》。

2. 什么是"校闹"，主要表现为哪些行为?

答:"校闹"是指学校安全事故处置过程中，家属及其他校外人员实施围堵学校、在校园内非法聚集、聚众闹事等扰乱学校教育教学和管理秩序，侵犯学校和师生合法权益的行为。《意见》规定了8类"校闹"行为：(1) 殴打他人、故意伤害他人或者故意损毁公私财物的；(2) 侵占、毁损学校房屋、设施设备的；(3) 在学校设置障碍、贴报喷字、拉挂横幅、燃放鞭炮、播放哀乐、摆放花圈、泼洒污物、断水断电、堵塞大门、围堵办公场所和道路的；(4) 在学校等公共场所停放尸体的；(5) 以不准离开工作场所等方式非法限制学校教职工、学生人身自由的；(6) 跟踪、纠缠学校相关负责人，侮辱、恐吓教职工、学生的；(7) 携带易燃易爆危险物品和管制器具进入学校的；(8) 其他扰乱学校教育教学秩序或侵害他人人身财产权益的行为。《意见》规定，对于师生、家长或者校外人员因其他原因在校内非法聚集、游行或者实施其他影响学校正常教育教学秩序行为的，也可以参照处置"校闹"的办法予以处置。

3.《意见》为什么专门强调学校安全事故的预防和处置?

答: 实践中，"校闹"的主要诱因是学校安全事故纠纷。防控风险、预防事故，减少发生纠纷，才能从源头上减少或消除"校闹"行为。《意见》首先强调加强学校安全事故预防，要求各有关部门、各级学校要树立预防为先的理念，健全学校安全风险防控的各项制度、机制。一是规定各级教育部门要依法加强对学校安全工作的督导、检查，会同、配合有关部门加强对学校校舍、场地、消防、食品安全和传染病防控等事项的监管。二是要求学校完善安全管理组织机构和责任体系，落实安全标准，健全安全管理制度，完善安全风险排查和防范机制，压实安全责任。三是规定学校要加强学生的安全教育、法治教育、生命教育和心理健康教育，建立并严格执行学校教职工聘用资质检查制度，从源头上预防和消除安全风险，杜绝责任事故。四是规定健全学校安全隐患投诉机制，对学生、家长和相关方面就学校安全存在问题的投诉、提出的意见建议，及时办理回复。五是规定学校要健全安全事故处置机制，制定处置预案、明确牵头部门、规范处置程序，完善报告制度，提高工作规范化、科学化、专业化水平。

《意见》还提出，推动学校建立专业化的安全事故处理委员会，统筹学校安全工作。

4. 在学校安全事故处置过程中如何保障受伤害方合法权益？

答：《意见》要求处置学校安全事故要遵循客观中立的原则，平等保护各方权利，注重维护受伤害学生的权益。发生学校安全事故，学校、教师管理不善、行为不当等确有责任的，要积极主动、按标准依法给予损害赔偿，学校负责人或者直接管理者有责任的，学校主管部门要依法依规及时处理、严肃问责。《意见》要求学校要关心受伤害者，给予及时救助、维护合法权益，要保障受伤害者及其监护人、近亲属的知情权和依法合理表达诉求的权利。《意见》规定司法行政机关组织法律援助机构为受伤害者提供法律援助，有条件的地方要设立学生权益保护中心，为学生提供法律服务。

5. 如何建立多元化的学校安全事故纠纷解决机制？

答：实践中，学校安全事故发生后，对于责任认定、赔偿数额等，受伤害方往往倾向于强调学校责任，向学校提出超出法律规定诉求和较高数额的赔偿请求。由于双方之间缺乏中立、权威、有效的第三方调解机制，学校在事故处理中必须直接面对受伤害方，一些学校处置应对不专业、不到位，受伤害方和学校容易产生对立情绪，往往难以达成一致。由于诉讼途径费时长、程序多、成本高，许多受伤害方不愿意通过诉讼方式解决纠纷，往往选择以"闹"作为与学校博弈、争取最大限度赔偿的手段。为妥善化解矛盾纠纷，《意见》强调要以法治方式解决纠纷。一是推动平等协商。学校安全事故责任明确、双方无重大分歧的，可以协商解决。协商应坚持自愿、合法、平等原则，理性表达诉求。学校应指定专门人员、受伤害者亲属应推选代表参与协商。二是注重人民调解。《意见》要求教育部门会同司法行政机关推进学校安全事故纠纷调解组织建设，市县两级行政区域内可设立学校安全事故人民调解委员会。地方教育部门根据需要也可以直接组织行政调解。区域内高等学校可以联合建立事故纠纷调处机制。大力推进第三方调解，实现能调尽调。三是便利诉讼渠道。人民法院对起诉的学校安全事故侵权赔偿案件应当及时立案受理，积极开展诉讼调解，调解不成的依法及时裁判。对于采取诉讼方式解决纠纷的，学校、法律援助机构等视情况可以给予一定的帮助。

6. 如何建立多元化的学校安全事故损害赔偿分担机制?

答: 目前大多数学校都投保校方责任险，但难以覆盖各类伤害事故情形，且赔偿额度较低，难以为学校提供全面、有效的保障，分担风险。《意见》从四个方面推动建立政府、社会、市场、家庭共同参与的多元化风险分担机制。一是政府财政补贴购买校方责任险，有条件的可以购买校方无过失责任险，推动设立学校安全综合险，加大保障力度。二是引导家长为学生购买人身保险，有条件的地方可以予以财政补贴。三是学校可以引导、利用社会捐赠资金等设置学校安全风险基金或者学生救助基金，健全救助机制。四是鼓励有条件的地方建立学校安全赔偿准备基金，或者开展互助计划，健全学校安全事故赔偿机制。

7. 如何看待一些学校担心发生安全事故而取消体育课、社会实践等现象?

答: 体育运动、社会实践活动是落实立德树人根本任务、促进受教育者德智体美劳全面发展的重要途径。学校因为安全风险而取消体育课、社会实践活动，有不当，也有无奈。一方面，学校这样的做法，很大程度上是因为头上悬着安全问题这把利剑，学校不堪承受安全压力和“校闹”行为。解决这一问题，首要的是落实习近平总书记重要讲话精神，各级党委政府切实为学校办学安全托底，学校的安全底板筑牢了，后顾之忧解除了，自然就会很大程度上解决这一问题。另一方面，学校也要客观理性认识安全风险，关键是做好风险防控，加强安全教育、安全管理，通过保险等各种机制分担安全风险。《意见》规定，学校不得为防止发生安全事故而限制或取消正常的课间活动、体育活动和其他社会实践活动。

8. 学校安全立法工作有什么进展?

答: 近年来，各方面对学校安全立法比较关注。教育部此前也做了大量的立法研究和调研，教育部门对制定学校安全法的呼声较为强烈。目前，由于立法资源非常紧张，学校安全法尚未列入十三届人大常委立法规划。下一步，我们拟推动先行制定相关行政法规，积极争取支持，推动《学校安全条例》制定工作。目前，山东、江西、湖南等一些地方先行制定了相关地方性法规，实践中取得了较好的效果。《意见》提出，积极鼓励各地制定或修改、完善学校安全方面的地方性法规，健全学校安全法治保障。

9. 下一步推动《意见》落实有哪些举措？

答：将从五个方面推动《意见》贯彻实施。一是加强宣传，营造氛围。各地要多种方式做好《意见》学习宣传工作，准确理解文件精神、准确把握工作要求，确保在秋季学期开学前，将《意见》精神和要求传达到各相关部门、各级各类学校。二是细化分工，落实责任。制定分工方案，细化教育、公安、检察、审判、司法行政等各部门责任。同时健全工作协同机制，形成工作合力。三是推动试点，探索经验。选择若干地方和学校，分别就《意见》中确定的学生权益法律保护中心、学校安全事故处理委员会、学校安全事故人民调解委员会制度、警校联动机制、学校安全区域制度、学校保险制度、政府联席会议制度等开展试点。四是汇编案例，加强指导。搜集、遴选各地、各学校依法处理学校安全问题、处置“校闹”行为的具体案件进行汇编和分析，为学校提供具体指导。推动最高人民法院发布指导案例。五是健全机制，形成长效。适时会同有关部门召开全国现场会，推广成功经验，推动《意见》确定的各项制度和工作机制落地生效，让校长切实感到不发愁、有保障。

【“六一”活动专题精选】

专题一　最高人民法院举行“六一”儿童节公众开放日活动

在“六一”国际儿童节来临之际，最高人民法院于2019年5月31日举办主题公众开放日活动。来自北京市前门小学、东交民巷小学、第二十七中学、前门外国语学校的师生代表们走进最高人民法院和中国法院博物馆，近距离接触中国最高审判机关，感受司法的庄严。

在中国法院博物馆，同学们了解了人民司法事业的发展历程，感受当前人民法院各项工作取得的成就。在一项项珍贵的史料文物面前，同学们仔细观看，认真聆听讲解员解说，积极交流提问。随后，同学们来到最高人民法院，参加法治教育图书捐赠活动。最高人民法院向师生们赠送了由最高人民法院和上海市浦东新区人民法院少年审判法官编写的青少年法治教育漫画绘本丛书和未成年人权益保护与犯罪预防法治教育丛书。

最高人民法院副院长杨万明在活动现场为同学们赠书，并回答了东交民巷小学冉浩天、前门外国语学校陈子墨同学的提问，还通过视频连线的方式与贵州省贵阳市观山湖区外国语实验小学李毓晨、甘肃省兰州市第65中学董冠麟同学互动交流。

杨万明欢迎各位同学和老师走进人民法院，向同学们致以六一节日的问候。他指出，长期以来，人民法院高度重视未成年人权益保护和犯罪预防工作。立足未成年人身心特点，以少年法庭为依托，加强专业化审判，有效落实对未成年人特殊、优先保护的政策要求，探索创立了具有中国特色的审判制度和工作机制。少年审判被誉为“特殊的希望工程”，少年法庭被誉为人民法院的“金字招牌”。

杨万明表示，在做好少年审判工作的同时，人民法院高度重视法治宣传教育工作。通过庭审直播、以案说法、送法进校园、组织开展模拟法庭、选任优秀法官担任法治副校长等方式，开展了丰富多彩的法治宣传教育活动。今天赠送给同学们的丛书是具有丰富少年审判经验的法官们，根据自身办案经历和感悟用心编写的，是人民法院为同学们精心制作的节日礼物。希望同学们阅读后有收获、受教育，能够从小培养法律意识、规则意识，做遵纪守法、积极践行社会主义核心价值观的合格小公民，增强风险识别和防范的能力，保护自己不受侵害。人民法院将一如既往贯彻特殊、优先保护未成年人，严惩侵犯未成年人违法犯罪的政策，为同学们健康成长保驾护航。

此次活动在贵州、甘肃两省高级人民法院设立分会场。两地高院同时组织法院开放日活动，邀请当地中小学生参加。

中宣部、中央政法委、共青团中央、全国妇联、全国人大社会建设委员会、国务院妇女儿童工作委员会、教育部、民政部，以及最高人民法院有关部门负责同志出席活动。

充分发挥审判职能作用
全力保障少年儿童健康成长

——在最高人民法院开放日暨法治教育图书捐赠仪式上的讲话

最高人民法院党组成员、副院长　杨万明

（2019年5月31日）

各位嘉宾、各位记者，老师们、同学们：

大家下午好！

在“六一”国际儿童节即将到来之际，欢迎大家，特别是各位同学，走进人民法院。首先，我代表周强院长、代表最高人民法院，提前向各位同学致以节日问候，祝大家节日快乐！

刚才，同学们参观了中国法院博物馆、最高人民法院以及贵州、甘肃省高级人民法院的一些标志性场所，看到了法官叔叔阿姨们编写的法治教育图书，主会场及两个分会场的同学代表分享了自己参加开放日活动的感想，并就感兴趣的问题进行了提问。同学们朝气蓬勃的精神面貌，对法律问题、法院工作、法官职业的浓厚兴趣给我留下了深刻印象。

少年儿童是祖国的花朵，民族的希望。习近平总书记一直非常关心少年儿童的健康成长，强调要求“全社会都要了解少年儿童，尊重少年儿童，关心少年儿童，服务少年儿童，为少年儿童提供良好的社会环境。”“对损害少年儿童权益、破坏少年儿童身心健康的言行，要坚决防止和依法打击。”总书记的重要论述，为加强少年儿童工作指明了前进方向，提供了根本遵循。

人民法院是国家的审判机关，通过依法公正审判，严厉打击各类侵害未成年人的犯罪活动，教育、挽救失足未成年人，维护未成年人合法权益，保障未成年人健康成长，是人民法院的法定职责。长期以来，人民法院一直高度重视未成年人权益保护和犯罪预防工作。立足未成年人身心特点，以少年法庭为依托，走专业化审判的发展方向，有效落实对未成年人特殊、优先保护的政策要求。探索创立寓教于审、圆桌审判、社会调查、犯罪记录封存、心理疏导、合适成年人到场、回访帮教等一系列适合未成年人特点、具有中国特色的审判制度和工作机制。少年审判意义重大，效果良好。目前，我国已成为世界上青少年犯罪率和重新犯罪率最低的国家之一。少年审判被人们誉为“特殊的希望工程”，少年法庭被誉为是人民法院的“金字招牌”。

在做好少年审判工作的同时，人民法院还高度重视法治宣传教育工作，这是少年审判的特色工作之一。通过庭审直播、以案说法、送法进校园、组织开展模拟法庭、选任优秀法官担任法制副校长等多种方式，开展了丰富多彩、富有实效的法治宣传教育活动。今天赠送给同学们的“未成年人权益保护与犯罪预防法治教育丛书”“开心漫漫看”，就是人民法院结合案件审判开展法治宣传教育的最新努力和成果。两套书都是由具有丰富少年审判经验的法官们，根据自己的办案经历和感悟用心编写的。考虑孩子们的阅读兴趣和理解能力，从体裁、内容、语言等方方面面都作了精心考量，力求达到融知识性、趣味性、启发性为一体的效果。这是法官叔叔阿姨们为同学们精心制作的节日礼物，希望同学们喜欢，更希望同学们阅读后有收获、受教育，能够从小培养法律意识、规则意识，做遵纪守法、积极践行社会主义核心价值观的合格小公民；同时增强风险识别和防范的能力，保护自己不受坏人的欺骗和侵害。法官们将一如既往贯彻特殊、优先保护未成年人，严惩侵犯未成年人违法犯罪的政策，为你们的健康成长保驾护航！

同学们，今年是五四运动100周年，也是中华人民共和国成立70周年。习近平总书记在纪念五四运动100周年大会上的重要讲话中强调："一代人有一代人的长征，一代人有一代人的担当。建成社会主义现代化强国，实现中华民族伟大复兴，是一场接力跑。我们有决心为青年跑出一个好成绩，也期待现在的青年一代将来跑出更好的成绩。"总书记铿锵有力的话语鼓舞人心、催人奋进，希望同学们牢记总书记的谆谆教导，好好学习、天天向上，奋发有为、茁壮成长，以优异的成绩为建国70周年献礼，在实现"两个一百年"奋斗目标、实现中华民族伟大复兴中国梦的宏伟征程中，谱写出属于你们这一代人的壮丽篇章！

再次祝同学们节日快乐，感谢大家参加今天的活动！欢迎你们再来，更欢迎你们将来加入法官队伍，成为我们中的一员，为法治中国建设贡献你们的智慧和力量！

最高人民法院
“法治教育图书捐赠活动”中小学生问答

1. 北京市东交民巷小学学生代表提问：

敬爱的杨副院长您好，我是北京市东交民巷小学×年级的×××。非常高兴今天能有机会走进最高人民法院，参加法院开放日和赠书活动。法官在我眼里是一份非常神圣的职业，长大后我也想成为一名法官，请问，将来要成为一名合格的法官需要具备哪些条件呢？

答：非常感谢这位同学对法官这份职业的认可，也非常高兴和欢迎有朝一日，你能够成为我们法官队伍中的一名优秀成员。法官是代表国家行使审判权的人员，承担着法律实施者、公平正义维护者、法治精神传递者的重要角色。要成为一名合格的法官，需要经过严格的考验。所以从现在开始，就要以一名法官的标准来严格要求自己。

一要养成良好品行。想要像法官一样成为公平正义的守护神，就要从小培养正直善良的品行，从点滴小事做起，爱国守法，明礼诚信，团结友善。只有具备高尚的人格魅力和道德品行，说话做事才能让别人信服。

二要刻苦认真学习。法官是一个专业性很强的职业，根据法官法规定，要成为一名法官，首先要通过被誉为“天下第一考”的国家统一法律职业资格考试，不好好学习，是没法实现当法官这个理想的。而且法官虽然看起来高高在上，但其承担的压力是非常大的，事关生杀予夺，需要有极强的明辨是非的能力和娴熟的法律技能，所以只通过法律考试还不够，还要接受更专业的法律学习和培训。只有活到老，学到老，不断提高业务能力，才能成为一名合格的法官。

三要勤于锻炼身体。要知道，法官还是一份非常辛苦的职业，没有强健的体格，很难将这份工作做好做久。生命在于运动，大家正处在长身体的阶段，充足的体育锻炼和户外活动对身体正常发育至关重要，对培养团结合作、吃苦耐劳的精神也有极大帮助。所以要想健康成长，首先要从锻炼身体开始。最后，希望同学们能发愤图强，刻苦上进，将来无论进入哪个行业，都做一名对国家、对人民、对社会有用的人！

2. 北京市前门外国语学校学生代表提问：

敬爱的杨副院长您好，我是北京市前门外国语学校×年级的×××。今天有幸能够参观我们国家的最高审判机关，我感到非常兴奋。尤其是高悬的国徽、威严的大楼、庄严的法庭和历尽沧桑的法院发展史，都让我印象深刻。我今天想提的问题是，我们平时在网络交友时，如何避免受到伤害呢？

答：好的，这位同学的问题问得非常好。伴随着互联网的高速发展，一些犯罪活动也逐渐地转移到虚拟网络中，呈现出隐蔽性强，侵害范围广，手段多样化等特点。青少年由于心智发育不成熟，识别风险、自我保护的意识和能力相对薄弱，更容易成为网络违法犯罪的侵害对象。作为网络原住民的各位同学们，学会在上网时保护自己是非常重要的。

首先，大家要了解网络常见的犯罪手段，不要随意添加陌生人为网络好友，更不要轻信陌生人的话。对涉及个人隐私和财产的要求一定要提高警惕，学会说不。

同时，同学们要树立正确的人生观、价值观，不要沉迷网络游戏，不要主动观看暴力色情的信息，也不要贪小便宜，急功近利。要利用网络进行有利于身心健康的活动，通过自己的努力一步一个脚印地获取成功。

在这里，也要提醒家长朋友们，对孩子的上网活动要做到正确引导和适当管理，多了解孩子平时的朋友圈，发现孩子有异常举止要及时采取措施。希望广大青少年们在享受互联网带来的巨大便利时，能够安全、健康、快乐地成长。

3. 贵州省新世界外国语实验小学学生代表提问：

敬爱的杨副院长您好，我是贵州省新世界外国语实验小学×年级的×××。今天是我第一次步入法院的大门，参观了威严的法庭，还体验了当“法官”的感觉，和蔼可亲的法官叔叔和阿姨们，让我觉得很有安全感。请问，如果我在学校受到同学欺凌的话，应该找谁帮助我呢？

答：好的，谢谢这位同学。你提到的这个问题，也是近年来社会普遍关注的一个问题，即当我们面对校园暴力或欺凌行为时要怎么办？如何制止这种行为？下面我就这个问题给出几点建议，希望能对同学们有所帮助。

第一，当面对暴力或者欺凌行为时，既不能忍气吞声，也不能以暴制暴。一定要在保证自己人身安全的前提下，第一时间报告老师或者警察，让有能力保护你和妥善处理事件的人出面制止。

第二，回家后要及时与父母进行沟通，必要时由父母出面与涉事的同学及其家长、学校进行交涉。

第三，从自身出发，既不要对施暴者存在报复心理，更不能将这种受气的心态转嫁到其他同学身上。要加强自身的发展锻炼，增强自我保护的意识和能力，处理好同学间的关系。

此外，我们也有很多法官在学校兼任法治副校长，同学们如果有任何学习、生活上的问题，也可以随时寻求他们的帮助。在这里，也要提醒学校和家长，学校要建立和完善相应的措施，对学校内部和周边存在的暴力行为及时发现、及时制止，保障学生安全的成长环境。家长们要学会耐心倾听，除了给孩子物质上的保障外，对他们的生活学习和心理动态要给予更多的关心和爱护。希望同学们都能平安顺利地度过美好的学习生涯。

4. 甘肃省兰州市第65中学同学提问：

敬爱的杨副院长您好，我是甘肃省兰州市第65中学×年级的×××。很荣幸能借此机会向最高人民法院的大法官进行提问。今天的法院参观，让我对于法律的权威性与重要性有了更深层的认识。我想请问杨副院长，法律条文那么多，我作为一名中学生而非专业学法律的，怎样才能利用法律更好地保护自己呢？

答：好的，谢谢这位同学。习近平总书记在党的十九大报告中提出"提高全民族法治素养"的要求。青少年是祖国的未来、民族的希望，要提高全民族法治素养，必须从提高青少年法治素养抓起。所以，这位同学有主动学习法律知识的意识是非常好的。

·要明白为什么学习法律。一方面是知法守法，要知道法律的底线在哪里，避免自己做出违背法律的行为；另一方面是懂法用法，当面对不法侵害时，要学会利用法律手段来维护自己的合法权益。通过学习法律更好地保护自己。

二要知道如何学习法律。要认真学习法治课程，积极参加各类普法活动。要尊重宪法的地位和权威，了解公民的基本权利义务，掌握基本的法律常识，尤其是关于未成年人保护的特殊规定，知悉常见的违法犯罪行为及其危害和要承担的法律责任，养成规则意识和尊法守法的行为习惯。

三要懂得怎样运用法律。刚才你说，法律条文太多，无法全部知晓。其实，提高法治素养，除了学习和记忆法律条文、概念外，更重要的是要培养法治理念和法治思维。不仅明白法律“是什么”，而且理解法律“为什么”。就像我们今天赠送的这套普法图书，不仅告诉你法律是怎么规定的，更重要的是引导大家遇到问题时该“怎么办”。

四要促进全面发展。除了学习法律知识，同学们还要树立高尚的道德品质，增长见识，丰富学识，增强体质，健全人格，不断提升自身综合素质，做一名身心健康、具有社会责任感、创新精神和实践能力的德智体美全面发展的社会主义建设者和接班人。

专题二 最高人民法院发布保护未成年人权益十大优秀案例

2019年5月31日下午，最高人民法院召开新闻发布会，向社会公布保护未成年人权益十大优秀案例。最高人民法院研究室主任姜启波、研究室副主任周加海介绍有关情况，最高人民法院新闻发言人李广宇主持发布会。

此次发布的十大案例是最高人民法院通过广泛征集、深入研究，从全国各地法院近年来审理的大量涉未成年人权益保护的案件中精心筛选出的优秀案例。十起优秀案例中，既有依法严惩侵害未成年人权益犯罪的案例，也有对受害未成年人给予司法救助、教育挽救失足未成年人等案例。其中不少案例是全国首例，如全国首例撤销监护人资格案例、全国首例保护未成年人的“人身安全保护令”案例、全国首例跨省救助未成年被害人案例等，相关案例对推动完善中国特色社会主义少年司法制度发挥了重要作用。有的案例所涉及的问题社会普遍关注，能够反映出侵害未成年人权益犯罪的新动向，如校园欺凌、幼儿园虐童、黑恶势力针对未成年人实施的“套路贷”案例、以招聘童星为名利用网络猥亵未成年人的案例等，值得社会各界高度关注。

姜启波表示，集中发布案例旨在向全社会进一步宣示人民法院对侵害未成年人权益犯罪严惩不贷、对保护未成年人权益不遗余力地坚定立场，希望进一步增强全社会对未成年人权益保护和犯罪预防的关心重视，增强广大青少年的遵纪守法意识和风险防范能力，凝聚各方力量，共同为每一名少年儿童的健康成长和每一个家庭的幸福安宁保驾护航。

据悉，近年来，人民法院高度重视未成年人权益的依法保护，立足未成年人的身心特点，以少年法庭为依托，通过专业化审判，落实对未成年人特殊、优先保护的政策要求，依法严惩了大量侵害未成年人权益的犯罪行为，教育挽救了一大批失足未成年人。通过审理未成年人案件，探索创立了寓教于审、圆桌审判、社会调查、犯罪记录封存、心理疏导、合适成年人到场、回访帮教等一系列适合未成年人特点、具有中国特色的审判制度和工作机制，促进构建党委领导、各方参与的未成年人司法保护体系，为不断健全完善未成年人权益保护和犯罪预防的法治体系贡献了司法智慧。

最高人民法院关于“保护未成年人权益十大优秀案例”新闻发布稿

最高人民法院审判委员会委员、研究室主任　姜启波

（2019年5月31日）

各位记者，各位来宾：

大家下午好！在“六一”国际儿童节来临之际，最高人民法院召开新闻发布会，向社会公布“保护未成年人权益十大优秀案例”。

少年儿童的健康成长，关系到亿万家庭的幸福安宁，关系到社会的和谐稳定，关系到民族的兴旺发达。党的十八大以来，以习近平同志为核心的党中央把促进少年儿童事业发展放在更加突出的位置。习近平总书记高度关注少年儿童健康成长，强调指出：“十年树木，百年树人，祖国的未来属于下一代。做好关心下一代工作，关系中华民族伟大复兴”；明确要求“对损害少年儿童权益、破坏少年儿童身心健康的言行，要坚决防止和依法打击”。习总书记的一系列重要论述为加强少年儿童工作指明了前进方向，提供了根本遵循。

进入新时代以来，随着经济社会快速发展，法治建设不断完善，未成年人犯罪案件数量显著下降，但预防和矫治未成年人犯罪以及保护未成年人免受违法犯罪侵害的形势仍不容乐观。性侵、虐待、校园暴力等严重侵

害未成年人权益的犯罪仍然时有发生，不满十四周岁的低龄未成年人实施杀人等严重暴力行为的案件也是不时有见，对此，党中央高度关注，全社会高度关切。

人民法院一直高度重视未成年人权益的依法保护。坚持立足未成年人的身心特点，以少年法庭为依托，通过专业化审判，落实对未成年人特殊、优先保护的政策要求。依法严惩了大量侵害未成年人权益的犯罪行为，教育挽救了一大批失足未成年人。特别值得一提的是，通过审理未成年人案件，探索创立了寓教于审、圆桌审判、社会调查、犯罪记录封存、心理疏导、合适成年人到场、回访帮教等一系列适合未成年人特点、具有中国特色的审判制度和工作机制，促进构建了"政法一条龙""社会一条龙"等党委领导、各方参与的未成年人司法保护体系，很多经验、做法已经上升为法律规定，为不断健全完善未成年人权益保护和犯罪预防的法治体系贡献了司法智慧。

习近平总书记多次强调，"一个案例胜过一沓文件"。司法案例是法治宣传教育的"活教材"。结合案件审判开展形式多样、富有实效的法治宣传教育，是落实"谁执法谁普法"普法责任制的必然要求，是巩固、扩大审判活动效果和影响的有效方式，同时也是人民法院少年法庭长期以来一贯坚持开展的特色工作。今年，最高人民法院经广泛征集、深入研究，从全国各地法院近年来审理的大量涉未成年人权益保护的案件中精心筛选出十大优秀案例，并利用"六一"国际儿童节前夕这个特殊的时间节点公开发布，是此项特色工作的延续和深化。

十起优秀案例是按照有一定普遍性和不同代表性的标准筛选出来的。既有依法严惩侵害未成年人权益犯罪的案例，也有对受害未成年人给予司法救助的案例，同时还有教育挽救失足未成年人的案例。其中不少案例是全国首例，如全国首例撤销监护人资格案例、全国首例保护未成年人的"人身安全保护令"案例、全国首例跨省救助未成年被害人案例等，相关案例对推动完善中国特色社会主义少年司法制度发挥了重要作用。有的案例所涉及的问题社会普遍关注，特别是能够反映出侵害未成年人权益犯罪的新动向，如校园欺凌、幼儿园虐童、黑恶势力针对未成年人实施的"套路贷"案例、以招聘童星为名利用网络猥亵未成年人的案例等，值得高度重视。集中发布这批案例，是要向全社会进一步宣示人民法院对侵害未成年人权益犯罪一定严惩不贷、对保护未成年人权益一定不遗余力地坚定立场，同时希望能进一步增强全社会对未成年人权益保护和犯罪预防的关心重视，进一步增强广大青少年的遵纪守法意识和风险防范能力，进一步凝聚各方面的力量共同为每一名少年儿童的健康成长和每一个家庭的幸福安宁保驾护航。

借此机会，还想向在场的记者朋友和广大社会公众介绍一下人民法院对加强未成年人保护工作的有关工作打算。人民法院作为国家审判机关，对于保护未成年人免受不法侵害，努力预防和减少未成年人犯罪，保障未成年人健康成长，义不容辞、责无旁贷。前些天，周强院长主持召开最高人民法院党组会议，对加强少年审判工作专门做了研究部署，强调要坚持以习近平新时代中国特色社会主义思想为指导，适应新时代要求，不断健全完善中国特色少年司法制度，进一步加强少年审判工作，充分发挥司法职能作用，更加有效地维护未成年人合法权益，促进未成年人健康成长。根据最高人民法院党组和周强院长的指示，未来一段时间，人民法院将着力做好以下工作：

一是依法公正办案，严惩各类犯罪。对侵害未成年人的各类犯罪坚持依法严惩不手软，对未成年人贯彻特殊、优先保护原则不动摇，不断加大对未成年人的司法保护力度。

二是深化司法改革，强化专业审判。少年法庭建设要坚持机构专门化、审判专业化、队伍职业化。要统筹谋划、协调推动少年、家事审判改革，促进少年审判与家事审判融合发展，同时保持二者相对独立。最高人民法院要进一步加强对少年家事审判工作的指导，进一步健全少年家事审判机制。

三是充分履行职能，做好延伸工作。对未成年犯罪人，要切实贯彻好教育、感化、挽救方针；对受害未成年人，要及时给予隐私保护、心理疏导、司法救助和跟踪帮扶等工作。在办案过程中，发现未成年人的家庭、学校或者有关部门没有履行监护、教育、管理等责任或者履责不力的，要根据情况进行指导、督促或者提出司法建议。

四是深入调查研究，加强宣传教育。通过案例研究、大数据分析，及时准确把握涉未成年人案件的特点、动向和规律，有针对性地完善司法政策或者提出立法建议。结合案件审判，创新形式，注重实效，持续深入开展法治宣传教育活动，巩固和加强审判活动成效。

最高人民法院
关于"保护未成年人权益十大优秀案例"
新闻发布会答记者问

1. 请您介绍一下，与以往发布的典型案例相比，这次发布的十大优秀案例有哪些鲜明特色?

答：今天发布的十起保护未成年人权益优秀案例，是从全国各级法院审理的少年审判案件中精心筛选出来的，与以往最高人民法院多次发布的涉未成年人典型案例相比，这次发布的十起案例主要有以下几个特点：

一是案件类型多样。这十起案例既有严惩对未成年人实施敲诈勒索、寻衅滋事、猥亵、虐待等犯罪的刑事案件，也有涉及未成年人的撤销监护权、变更抚养权等民事案件，还有法院通过前科封存帮助未成年被告人顺利回归社会，以及通过跨省联动救助引导未成年被害人走出生活困境和心理阴影等案件，体现了人民法院对未成年人的双重保护原则，展现了人民法院对未成年人开展的特色延伸工作。相关案件虽然类型各异，但都体现贯彻了人民法院对侵害未成年人权益犯罪严惩不贷、对保护未成年人权益不遗余力的司法政策。

二是社会关注度高。案例的选取着眼于社会普遍关注的涉及未成年人的多发案件或典型案件。例如案例一，恶势力集团利用未成年人社会经验不足、自我保护能力弱等特点，对其实施"套路贷"犯罪，通过实施恐吓、纠缠滋扰等"软暴力"行为，逼迫被害人支付款项。"套路贷"是近年来新出现的一种犯罪。此类犯罪危害严重。针对未成年人实施"套路贷"，更是性质恶劣，危害极大。对这类犯罪的从严惩处，彰显了司法机关重拳打击黑恶势力，坚定保护未成年人合法权益、促进平安校园建设的态度和决心。再如案例二，是一起典型的“校园欺凌”案件。被告人和被害人均是未成年在校女生。五名被告人通过辱骂、殴打、逼迫下跪等方式对被害人进行凌辱，造成被害人无法正常学习、生活的严重后果，其行为已经不仅仅是一般的违反校规校纪的行为，而是触犯刑法应当受到刑罚处罚的犯罪行为。裁判法院依法对五名被告人分别判处相应实刑，有效维护了未成年被害人合法权益的同时，也给在校学生上了一堂生动的法治课。体现了对未成年人犯罪宽容不纵容的政策精神，以及在教育感化挽救未成年人的同时，更要依法保护未成年被害人的鲜明态度。还有案例四，被告人以“选拔童星”为借口，诱骗、威胁多名儿童进行视频裸聊，虽无身体接触，但仍然构成猥亵儿童罪。这是一种新出现的利用网络猥亵未成年人的犯罪行为。法院对被告人依法判处十一年有期徒刑，体现了从严惩治侵害未成年人犯罪的政策精神，也警示有关方面，特别是家长，要加强对未成年人使用网络情况的监护，保护未成年人免受违法犯罪侵害。

三是案件意义重大。这十起案例中，有不少案件在推动立法修改和制度建设方面都发挥了重要作用。如案例三，是我国首例撤销监护人资格判决，直接推动了2014年12月18日最高人民法院、最高人民检察院、公安部、民政部联合发布的《关于依法处理监护人侵害未成年人权益行为若干问题的意见》的出台。还有案例六，是全国法院发出的第一道未成年人“人身安全保护令”案件，开创了以裁定方式保护未成年人人身安全的先河，为推动“人身安全保护令”写入后来的《反家庭暴力法》积累了实践素材。案例八，作为我国较早开展前科封存试点工作的案例之一，为之后未成年人犯罪记录封存制度写入刑法提供了实践基础。案例九更是彰显了人民法院的司法温情。本案被害人目睹了父亲、哥哥被杀害，案发时年龄尚小，身心受到严重创伤。为帮助孩子走出心理阴影，重回正常学习、生活，办案法院想方设法，多方努力，跨省联合异地法院对被害人开展司法救助和心理干预，取得了良好效果。在办理这些案例过程中，人民法院始终本着“儿童利益最大化”的原则，作出了最有利于未成年人健康成长的判决。相关判决不仅开创了某个领域的先例，贡献了改革探索经验，起到了良好的示范作用，更是在司法政策乃至立法层面促进了保护未成年人相关制度建设，具有十分重要的意义。

我们在“六一”国际儿童节前夕，集中发布优秀案例：是为了巩固、扩大案件审判的法律效果和社会效果，彰显司法机关重拳惩治侵害未成年人犯罪的态度和决心；同时，希望全社会能够对未成年人权益保护问题更加关注和重视，特别是家长、监护人和具有监护、看护职责等单位和人员应当依法履行职责，加强对未成年人的监护、教育、引导，共同为未成年人的健康成长营造一个安全和谐的社会环境，尽最大努力保护未成年人的各项合法权益。

2. 对于如何预防未成年人犯罪，以及如何保护未成年人免受犯罪的侵害，您有什么建议？

答：随着经济社会的快速发展，未成年人通过互联网等多种渠道，可以接触到形形色色的人群和五花八门的信息。这一方面有利于未成年人开阔视野、增长知识，另一方面，一些低俗色情暴力的信息也不可避免会对未成年人的身心健康带来负面影响，加上未成年人的自我认知、自我管理、自我控制、自我保护的意识和能力比较薄弱，很容易误入歧途，或者受到犯罪的侵害。

有效预防未成年人犯罪，保护未成年人免受犯罪的侵害，保障他们的合法权益，我认为主要从以下几个方面努力：

首先，需要家庭和学校的共同努力和密切配合。家长和老师是未成年人健康安全的第一责任人，在关注未成年人学习、生活的同时，要更加重视他们的心理健康和生命安全，注重与他们的情感交流，掌握思想动态，密切关注未成年人使用网络、社会交往等情况，发现苗头及时介入和预防，切实履行监护、教育和保护的职责。

其次，社会各界要提高对未成年人的保护意识和保护力度，切实履行法律义务和社会责任。政府部门要充分发挥职能作用，加大监管整治力度，及时发现、惩治对未成年人的违法犯罪行为；司法机关要尽职履责，加强未成年人司法保护，在做好未成年人审判工作的同时，贯彻落实"谁执法谁普法"的原则，做好未成年人普法宣传教育工作；相关的群团组织要积极利用专业资源，做好对未成年人的心理干预、犯罪预防及精准救助等工作；社会企业尤其是互联网企业，要做好自身建设，依法封禁有毒有害信息，通过技术手段防止未成年人沉迷网络，遭受网络等犯罪的侵害。

最后，要培养和增强未成年人识别风险及自我保护的意识。对未成年人自身来说，要学会自觉抵制一些低俗、暴力等网络信息，控制网络游戏时间，不要随便与陌生人交友、聊天，做到遵纪守法。如果已身处险境或者已经遭受不法侵害，一定要及时告知家长、老师或者报警，第一时间寻求法律的保护。

3. 今后人民法院将如何加强少年法庭的专业化建设，更好发挥其职能作用？

答：面对新时代新任务新要求，要实现少年审判工作新发展新作为新突破，关键是要通过切实可行的措施，有效落实周强院长提出的少年审判“只能加强、不能削弱”的八字方针。

一要提高政治站位，深刻认识新时代加强少年审判工作的重大意义。自1984年11月上海市长宁区人民法院建立我国第一个专门审理未成年人刑事案件的合议庭以来，少年法庭从无到有、由少到多，不断发展壮大。少年审判工作得到了社会各界的充分肯定，被誉为是人民法院的一块“金字招牌”。新时代，人民法院少年审判工作既面临党和国家、社会各界更加关心重视未成年保护工作的发展机遇，也面临着任务更加繁重、要求更高更细的挑战考验。要提高政治站位，从确保亿万家庭幸福安宁、实现中华民族伟大复兴的高度，深刻认识新时代进一步加强少年审判工作的重大意义。要深刻分析形势，准确把握要求，认真总结经验、巩固成果，推动少年审判工作在新的历史条件下不断发展进步。

二要深化司法改革，保障和促进少年审判工作不断发展。少年法庭三十多年的探索实践充分证明，机构专门化、审判专业化、队伍职业化，是落实特殊、优先保护未成年人权益理念的必然要求，是加强对这一特殊群体人权司法保障的必由之路，是中国特色少年司法制度优越性的重要体现。要继续坚持、进一步加强少年审判的专业化发展。要统筹谋划、协调推动少年、家事审判融合发展，同时保持二者相对独立。要完善工作机制，加强对少年家事审判工作的统一、协调指导。要建立适应少年家事审判特点的绩效考核体系，保障和促进少年家事审判专业化发展、可持续发展。

三是加强少年审判理论和实证研究，不断提升少年审判工作成效。近年来，人大代表和政协委员向人民法院提出的有关未成年人司法保护的提案、建议呈上升趋势，涉及低龄儿童犯罪、性侵儿童、校园欺凌、儿童福利、法治教育、专门学校、网络安全、虐待儿童、留守儿童监护等方方面面的问题。要进一步加强少年审判研究工作，特别是要强化司法政策研究和案例研究，为制定司法解释、加强办案指导提供理论支持和实证支撑。要加强对新情况新问题的研究，特别是对少年审判案件大数据的研究利用，在预防未成年人违法犯罪、防范侵害未成年人权益上下功夫，促进中国特色少年司法制度不断发展完善。要坚持问题和需求导向，坚持落实落细落小，提高工作精细化水平，积极推动实践创新，不断提升为未成年人保护工作提供司法服务保障的针对性、实效性。

保护未成年人权益十大优秀案例

目　录

一、张某等寻衅滋事、敲诈勒索、非法拘禁案
二、朱某等寻衅滋事案
三、林某虐待子女被撤销监护人资格案
四、蒋某猥亵儿童案
五、马某虐待被看护人案
六、胡某诉张某变更抚养关系案
七、祁某猥亵儿童案
八、刘某故意伤害案
九、杨某故意杀人案
十、江某诉钟某变更抚养关系案

一、张某等寻衅滋事、敲诈勒索、非法拘禁案

——依法严惩恶势力犯罪集团针对未成年人“套路贷”

【基本案情】

被告人张某纠集李某、任某、陈某、郜某、王某等人，设立组建某财富公司，在江苏省某市区进行非法放贷活动，以喷油漆、扔油瓶、半夜上门滋扰等“软暴力”手段非法讨要债务。在放贷过程中，该组织成员还引诱、纠集褚某、朱某、姚某、王某、顾某等在校学生，利用同学、朋友关系诱骗其他未成年学生签订虚高借款合同，在借款中随意扣减“服务费、中介费、认家费”等，并逼迫未成年少女拍摄裸照担保债务，部分未成年被害人被迫逃离居住地躲债，造成辍学等不良后果。该组织通过“套路

贷”，多次实施敲诈勒索、寻衅滋事、非法拘禁犯罪，违法所得共计人民币 166000 元，造成恶劣的社会影响。

【裁判结果】

法院经审理认为，被告人张某纠集褚某、李某等 11 人，形成人员组织稳定，层级结构清晰的犯罪组织，该组织成员长期纠集在一起，共同实施多起寻衅滋事、敲诈勒索、非法拘禁等违法犯罪活动，欺压百姓，扰乱社会秩序，造成较为恶劣的社会影响，应当认定为恶势力犯罪集团。据此，以敲诈勒索罪、寻衅滋事罪、非法拘禁罪，数罪并罚，依法判处被告人张某有期徒刑九年六个月，并处罚金人民币十八万元；对其他恶势力犯罪集团成员亦判处了相应刑罚。

【典型意义】

本案系江苏省扫黑除恶专项斗争领导小组第一批挂牌督办的案件之一，也是扫黑除恶专项斗争开展以来，该省查处并宣判的第一起以未成年人为主要犯罪对象的黑恶势力“套路贷”犯罪案件。

该案恶势力集团的犯罪行为不仅严重扰乱了正常经济金融秩序，还严重侵害了未成年人权益。其利用未成年人涉世未深、社会经验不足、自我保护能力弱、容易相信同学朋友等特点，以未成年人为主要对象实施“套路贷”犯罪，并利用监护人护子心切，为减小影响容易选择息事宁人做法的心理，通过实施纠缠滋扰等“软暴力”行为，对相关未成年人及其家庭成员进行精神压制，造成严重心理恐慌，从而逼迫被害人支付款项，不仅严重破坏正常教育教学秩序，更给未成年人及其家庭造成巨大伤害。对本案的依法从严惩处，彰显了司法机关重拳打击黑恶势力，坚定保护未成年人合法权益的决心。对于打击针对在校学生，特别是未成年在校生的犯罪，促进平安校园具有重要指导意义。

二、朱某等寻衅滋事案

——依法惩治校园欺凌

【基本案情】

被告人朱某等五人均系北京某校在校女生（犯罪时均未满 18 周岁），2017 年 2 月 28 日，五名被告人在女生宿舍楼内，采用辱骂、殴打、逼迫下跪等方式侮辱女生高某某（17 岁），并无故殴打、辱骂女生张某某（15

岁）。经鉴定，二被害人的伤情构成轻微伤，五名被告人的行为还造成被害人高某某无法正常生活、学习的严重后果。

【裁判结果】

法院经审理认为，被告人朱某等人随意殴打和辱骂他人，造成二人轻微伤，严重影响他人生活，侵犯公民人身权利，破坏社会秩序，构成寻衅滋事罪，且系共同犯罪。据此，以寻衅滋事罪依法分别判处五名被告人十一个月至一年不等的有期徒刑。

【典型意义】

校园欺凌问题关系到未成年人的健康成长，也牵系着每一个家庭的敏感神经，已成为全社会关注的热点问题。本案就是一起典型的校园欺凌行为构成犯罪的案件。本案中，五名被告人的行为已经不仅仅是同学伙伴之间的打闹玩笑，也不仅仅是一般的违反校规校纪的行为，而是触犯刑法应当受到刑罚惩处的犯罪行为。对此类行为，如果仅仅因被告人系未成年人而“大事化小，小事化了”，就会纵容犯罪，既不利于被告人今后的健康成长，更不利于保护同是未成年人的被害人。本案裁判法院充分考虑五名被告人主观恶性和行为的社会危害性，对其分别判处相应的实刑，符合罪刑相适应原则，在有效维护了未成年被害人合法权益的同时，也给在校学生上了一堂生动的法治课。

本案被中央电视台“新闻1+1”等媒体栏目评论称具有“标本意义”，宣判后不久，适逢教育部等十一个部门联合印发《加强中小学生欺凌综合治理方案》，对中小学生校园欺凌综合整治起到了积极的推动作用。

三、林某虐待子女被撤销监护人资格案

——全国首例撤销监护人资格判决

【基本案情】

被申请人林某，女，系福建省某县村民。林某于2004年生育小龙，因小龙的生父一直身份不明，故小龙自出生后一直随林某共同生活。林某曾有过三四次不成功的婚姻，生活中不但对小龙疏于管教，经常让小龙挨饿，而且多次殴打小龙，致使小龙后背满是伤疤。自2013年8月始，当地政府、妇联、村委会干部及派出所民警多次对林某进行批评教育，但林某仍拒不悔改。2014年5月29日凌晨，林某再次用菜刀划伤小龙的后背、

双臂。同年 6 月 13 日，该村村民委员会以被申请人林某长期对小龙的虐待行为已严重影响小龙的身心健康为由，向法院提出请求依法撤销林某对小龙监护人资格的申请。审理期间，法院征求小龙的意见，其表示不愿意随其母林某共同生活。

【裁判结果】

法院经审理认为，监护人应当履行监护职责，保护被监护人的身体健康、照顾被监护人的生活，对被监护人进行管理和教育，履行相应的监护职责。被申请人林某作为小龙的监护人，采取打骂等手段对小龙长期虐待，经有关单位教育后仍拒不悔改，继续对小龙实施虐待，其行为已经严重损害小龙的身心健康，故不宜再担任小龙的监护人。依法撤销林某对小龙的监护人资格，并依法指定该村民委员会担任小龙的监护人。

【典型意义】

本案受理后，该县人民法院主动探索由村民委员会作为申请主体申请撤销监护失当未成年人的监护权转移工作，并根据法律的有关规定，在没有其他近亲属和朋友可以担任监护人的情况下，按照最有利于被监护人成长的原则，指定当地村民委员会担任小龙的监护人，通过充分发挥审判职能作用向社会表达一种对未成年人关爱的新视角。宣判后，该院还主动与市、县有关部门积极沟通，对小龙做了及时妥善安置，切实维护未成年人的合法权益。

最高人民法院、最高人民检察院、公安部、民政部于 2014 年 12 月 18 日联合发布了《关于依法处理监护人侵害未成年人权益行为若干问题的意见》（以下简称《意见》），对各级人民法院处理监护权撤销案件的相关问题作了较为明确的规定。该《意见》颁布之前，我国关于监护权撤销制度的规定主要是《民法通则》第十八条和《未成年人保护法》第五十三条，有关规定较为笼统模糊。本案在《意见》出台之前即作出了撤销监护人资格的判决，是开我国撤销监护权之先例，直接推动了《意见》的颁布，为《意见》中有关有权申请撤销监护人资格的主体及撤销后的安置问题等规定的出台，贡献了实践经验。本案例于 2015 年被全国妇联评为首届全国维护妇女儿童权益十大案例。

四、蒋某猥亵儿童案

——依法严惩通过网络实施的无身体接触的猥亵犯罪

【基本案情】

2015年5月至2016年11月，被告人蒋某虚构身份，谎称自己代表“星晔童星发展工作室”“长城影视”“艺然童星工作室”等单位招聘童星，在QQ聊天软件上结识女童。以检查身材比例和发育情况等为由，要求被害人在线拍摄和发送裸照，并谎称需要面试，诱骗被害人通过QQ视频裸聊并做出淫秽动作。对部分女童还以公开裸照相威胁，逼迫对方与自己继续裸聊。经查，蒋某视频裸聊猥亵儿童达到31人。

【裁判结果】

法院经审理认为，被告人蒋某为满足自身变态欲求，以视频裸聊方式猥亵儿童，其行为已构成猥亵儿童罪。而且，其诱骗被害人多达三十余名，遍布全国各地，多数被害人未满12周岁，最小的不到10周岁，有些被害人被猥亵两次以上，依法应当认定为“有其他恶劣情节”。据此，以犯猥亵儿童罪依法从重判处被告人蒋某有期徒刑十一年。

【典型意义】

本案是一起典型的利用互联网猥亵未成年人的案件。在互联网时代，不法分子运用网络技术实施犯罪的手段更为隐蔽，危害范围更为广泛。被告人以选拔童星、网友聊天、冒充老师等方式诱骗或强迫被害人进行视频裸聊或拍摄裸照，虽然没有与被害人进行身体接触，跟传统意义上的猥亵行为有所不同，但其目的是为了满足自身性欲，客观上侵犯了被害人的人身权利，同样构成猥亵儿童罪。类似的网络犯罪行为严重损害了未成年人身心健康，社会危害性极大。本案对被告人蒋某依法从重判刑，彰显了人民法院本着“儿童利益最大化”的原则，依法严厉惩治侵害未成年人犯罪行为的坚定决心。

本案同时也警示家庭和学校要加强对未成年人的教育，引导未成年人正确使用网络，培养、提高识别风险、自我保护的意识和能力；提醒广大青少年增强自我保护意识，最大限度避免网络违法犯罪的侵害，如果正在面临或者已经遭受不法侵害，要及时告知家长、老师或者报警，第一时间寻求法律的保护。

五、马某虐待被看护人案

——对幼儿园虐童行为“零容忍”

【基本案情】

2016年9月，被告人马某（不具备教师资格）通过应聘到河南省某县幼儿园任小班教师。2017年4月18日下午上课期间，马某在该幼儿园小班教室内，以学生上课期间不听话、不认真读书为由，用针分别扎本班多名幼儿的手心、手背等部位。经鉴定，多名幼儿的损伤程度虽均不构成轻微伤，但体表皮肤损伤存在，损伤特点符合具有尖端物体扎刺所致。2017年4月18日，被害幼儿家长报警，当晚马某被公安人员带走，同年4月19日被刑事拘留。在案件审理过程中，被告人马某及其亲属与多名被害幼儿的法定代理人均达成谅解。

【裁判结果】

法院经审理认为，被告人马某身为幼儿教师，采用针刺手段对多名被看护幼儿进行虐待，情节恶劣，其行为已构成虐待被看护人罪。据此，以虐待被看护人罪依法判处被告人马某有期徒刑二年；禁止其五年内从事未成年人教育工作。同时，人民法院对该县教育局发出司法建议。

【典型意义】

近年来，保姆、幼儿园教师、养老院工作人员等具有监护或者看护职责的人员虐待被监护、看护人的案件时有发生，严重侵害了弱势群体的合法权益，引发社会高度关注。本案中，被告人马某用针对多名幼儿进行扎刺，虽未造成轻微伤，不符合故意伤害罪的法定标准，但其行为对受害幼儿的身心造成了严重伤害。对这种恶劣的虐童行为，人民法院采取“零容忍”态度，依法进行严厉打击，对其判处二年有期徒刑（本罪法定最高刑为三年有期徒刑），对被告人判处从业禁止最高年限五年。

本案的判决，警示那些具有监护、看护职责的单位和人员，应当依法履职，一切针对被监护、被看护人的不法侵害行为，都将受到法律的惩处；本案也警示幼儿园等具有监护、看护职责的单位应严格加强管理，切实保障被监护、看护人的合法权益免受不法侵害。

六、胡某诉张某变更抚养关系案

——全国第一道未成年人“人身安全保护令”

【基本案情】

原告胡某、被告张某于2000年经法院判决离婚，女儿张某某（1996年出生）由父亲张某抚养。离婚后，张某经常酗酒、酒后打骂女儿张某某。2005年，张某因犯抢劫罪被判处有期徒刑三年。刑满释放后，张某酗酒恶习未有改变，长期对女儿张某某实施殴打、谩骂，并限制张某某人身自由，不允许其与外界接触，严重影响了张某某的身心健康。2011年3月19日深夜，张某酒后将睡眠中的张某某叫醒实施殴打，张某某左脸受伤，自此不敢回家。同月26日，不堪忍受家庭暴力的张某某选择不再沉默，向司法部门写求救信，揭露其父家暴恶行，态度坚决地表示再不愿意跟随父亲生活，要求跟随母亲胡某生活。胡某遂向法院起诉，请求变更抚养关系。鉴于被告长期存在严重家暴行为，为防止危害后果进一步扩大，经法官释明后，原告胡某向法院提出了保护张某人身安全的申请。

【裁判结果】

法院经审理认为，被告张某与其女张某某共同生活期间曾多次殴打、威胁张某某，限制张某某人身自由的情况属实，原告的申请符合法律规定。依法裁定：一、禁止张某威胁、殴打张某某；二、禁止张某限制张某某的人身自由。裁定作出后，该院向市妇联、区派出所、被告所在村委会下达了协助执行通知书，委托上述单位监督被告履行裁定书确定的义务。后本案以调解方式结案，张某自2011年4月28日起由胡某抚养。

【典型意义】

本案中，湖南某法院发出了全国第一道针对未成年人的“人身安全保护令”，为加强对未成年人的保护做了有益探索，为推动“人身安全保护令”写入其后的《反家庭暴力法》积累了实践素材，为少年司法事业做出了巨大贡献。数十家媒体和电视台对该案进行了宣传报道，产生了良好的社会效果。该案还引起联合国官员及全国妇联相关领导的关注，他们对这份“人身安全保护令”做出了高度评价。

本案调解过程中，人民法院还邀请当地妇联干部、公安民警、村委会干部、村调解员共同参与对被告的批评教育，促使被告真诚悔悟并当庭保证不再实施家暴行为。本案是多元化解纠纷机制、社会联动机制在未成年人司法中的恰当运用，同时也为充分发扬“枫桥经验”处理未成年人保护案件做出了良好示范。

七、祁某猥亵儿童案

——小学教师性侵儿童被重判

【基本案情】

被告人祁某原系浙江省某市小学教师。在执教期间，曾有学生家长于2013年1月以祁某非礼其女儿为由向学校举报，祁某因此写下书面检讨，保证不再发生此类事件。2016年12月，被告人祁某退休，因师资力量短缺，该校返聘祁某于2016年12月至2017年8月继续担任语文老师兼班主任。2017年以来，祁某利用教学之便，在课间活动及补课期间，多次对多名女学生进行猥亵。2017年8月30日下午，被告人祁某主动至派出所投案。

【裁判结果】

法院经审理认为，被告人祁某利用教师身份，多次猥亵多名未满十二周岁的幼女，且部分系在公共场所当众猥亵，严重破坏教学秩序，社会危害性极大，其行为已构成猥亵儿童罪，且应当在“五年以上有期徒刑”的幅度内从重处罚；而且，其曾因类似行为被举报，仍不思悔过致本案发生，应酌情从重处罚。据此，以猥亵儿童罪依法判处被告人祁某有期徒刑八年六个月；禁止其在三年内从事与未成年人相关的教育职业。

案件审理期间，六名被害人提起民事诉讼，起诉涉事小学、区教育文化体育局教育机构责任纠纷。后经法院主持调解，该小学分别向各原告人一次性支付30000元。宣判后，该市教育局对涉案小学校长进行了行政处分。

【典型意义】

本案系教师利用教学便利对未成年学生实施猥亵的恶性案件，给被害人和家人都造成了严重的身心伤害，挑战道德法律底线，性质极其恶劣，危害后果严重，必须从严惩处。被告人祁某虽已年过六十，但裁判法院考虑其被学校返聘、补课等情况，仍从有效预防侵害未成年人犯罪角度出发，秉持对侵害未成年人的“零容忍”态度，依法对被告人祁某适用从业禁止。本案在审理阶段，司法机关还通过政府购买服务，及时为被害人进行心理疏导，尽力医治对涉案未成年人的精神伤害。

此类案件反映出极个别学校对未成年人权益保护仍然存在管理不善，制度不落实，执行不到位的现象，需要有关学校及部门引起重视。

八、刘某故意伤害案

——探索推动设立未成年犯罪人前科封存制度

【基本案情】

2006年12月28日下午5时许，被告人刘某（犯罪时15周岁）之父刘某芳酒后与同村刘某文因琐事发生口角，后二人在刘某文家门口对骂，刘某文的两个儿子到场后，与刘某芳相互扭打，继而两家发生殴斗。刘某的祖父刘某宗闻讯赶来后，与刘某文相互厮打。在两人殴斗过程中，被告人刘某闻讯赶到现场，用铁钗将刘某文叉成重伤，刘某作案后主动投案，并如实供述了自己的罪行。

案发后，被害人刘某文与被告人刘某就附带民事赔偿达成和解，刘某文对刘某表示谅解。

【裁判结果】

法院经审理认为，被告人刘某持械故意伤害他人身体，其行为已经构成故意伤害罪。但本案系邻里纠纷引发，被告人刘某因见亲人被人殴打一时愤怒，采取过激行为加入殴斗，犯罪动机尚不恶劣，社会危害尚不严重。刘某犯罪时未满16周岁，归案后能够坦白自己的犯罪事实，且案发后积极赔偿被害人的损失，已经取得被害人谅解。据此，以故意伤害罪依法判处被告人刘某有期徒刑一年，缓刑一年六个月。缓刑考验期满后，刘某领取了《前科封存证明书》。

【典型意义】

1997年刑法第一百条设立了前科报告义务，规定："依法受过刑事处罚的人，在入伍、就业的时候，应当如实向有关单位报告自己曾受过刑事处罚，不得隐瞒。"就未成年犯罪人而言，前科报告义务及其所带来的"犯罪标签化"是其重返社会的障碍和阻力之一。本案是山东法院实施的第一例前科封存案件，是对未成年犯罪人开展有效判后帮教，帮助其顺利回归社会进行的有益探索。根据当地市中院牵头，公安、民政等11部门联合出台的《失足未成年人前科封存实施意见》，刘某在缓刑考验期结束后向由该11个部门组成的前科封存领导小组提交了相关材料，领导小组考察审批后同意向刘某颁发了《前科封存证明书》，并对其犯罪档案进行封存。学校也保留他的学籍并对其犯罪信息予以保密，保证他的正常学习生活。因为这份证明书，刘某慢慢卸下了心理包袱，并心怀感恩，初中毕业后去天津打工，顺利回归融入社会。

该案取得了良好的社会效果，经各大媒体报道及转载后，在社会上引起巨大反响，也引起国内专家学者的关注。山东高院因势利导，在总结部分地市经验、组织专家论证的基础上，在全省全面推开“前科封存”制度。该项制度的开展不仅是在少年司法领域的改革创新，更是为相关刑事立法的修改提供了实践基础。此后，2011年刑法修正案（八）增加规定了未成年犯罪人的前科封存制度，2012年刑事诉讼法修改又对未成年犯罪人前科封存作了程序衔接规定。

九、杨某故意杀人案

——全国首例对未成年被害人跨省心理救助

【基本案情】

2017年初，被告人杨某跟随同乡李某来津务工，后因工资结算问题二人产生矛盾。2017年7月25日7时许，杨某向李某索要工资时发生争吵，杨某遂从路边捡起一根三角铁用力击打李某头部，致李某头部流血倒地昏迷。后杨某来到李某居住的宿舍，持菜刀砍李某之子小欢、小旭（案发时8岁）。三名被害人被送至医院后，李某、小欢经抢救无效死亡，小旭项部损伤程度经鉴定为轻伤二级。案发后，被害人李某近亲属曾某、被害人小旭因家庭情况特别困难，提出司法救助申请。

【裁判结果】

法院经审理认为，被告人杨某因工资结算问题与被害人李某产生矛盾，先后持三角铁、菜刀行凶，致李某及其长子小欢死亡，致李某次子小旭轻伤，其行为已构成故意杀人罪，应依法予以处罚。被告人杨某罪手段残忍，主观恶性深，犯罪后果严重，虽系投案自首，不足以从轻处罚；其行为给附带民事诉讼原告人造成经济损失，依法应予赔偿。据此，以故意杀人罪，依法判处被告人杨某死刑，剥夺政治权利终身；判决被告人杨某赔偿附带民事诉讼原告人曾某、周某、小旭经济损失人民币共计137，262.26元。

【典型意义】

本案是天津法院开展的全国首例对未成年被害人跨省心理救助的案例。被害人小旭案发时年龄尚小，目睹了父亲、兄长的被害过程，身心健康受到严重伤害，有此类经历的孩子是容易出现心理问题的高危人群。考虑到被害人的家庭状况和案件具体情况，法院决定对小旭开展司法救助，进行心理干预，尽力帮助其走出心理阴影，步入正常的生活、学习轨道。

由于被救助人生活的地方在四川，距离天津太远，如何开展持续、动态的跨省救助，尤其是心理救助，在全国无先例可循。按照刑事被害人救助规定，只能解决被害人的经济困难。考虑到本案的特殊情况，天津法院创新工作思路，为小旭申请了心理救助专项资金，并与四川法院共同确定了跨省司法救助与心理干预并行的工作方案。目前小旭学习生活状态良好，情绪正常，心理救助初步达到了预期效果。

值得注意的是，除了刑事案件的未成年被害人，家事案件中的未成年人，作为家庭成员也经常被无端地卷入家事纷争之中。法院在审理这类案件时，发现确有需要进行救助的困境儿童，也会积极为他们开展延伸救助工作，充分发挥职能优势，整合专业资源，联合政府部门、教育机构、群团组织等让涉困儿童获得精准救助。

十、江某诉钟某变更抚养关系案

——依法保障未成年人的受教育权

【基本案情】

原告人江某与被告人钟某于2009年3月10日登记结婚，婚后育有一子，取名江某俊。2011年9月20日，双方因感情不和，经法院调解协议离婚，约定儿子江某俊由母亲钟某抚养，江某每月支付抚养费600元，直到孩子独立生活为止。

离婚后，钟某将婚姻的不幸转嫁到孩子身上，以种种理由拒绝让父子相见。更为严重的是，钟某无工作，租住在廉租房内靠亲人接济为生，常年闭门不出，也不让江某俊上学读书。江某曾于2015年6月8日向法院起诉要求变更抚养权，后撤回起诉。为了孩子的成长，2016年10月11日江某再次向法院提起诉讼要求变更江某俊抚养关系，后经法院主持调解，江某与钟某达成和解协议，江某俊抚养权依然归钟某，江某俊的生活、教育所需费用均由江某承担。江某按约履行了调解书约定的义务，但是钟某拒不履行调解书约定义务。江某俊年满 8 周岁，已达到适学年龄，经法院多次执行，钟某仍拒绝送孩子上学，严重影响了孩子的健康成长，而江某俊爷爷奶奶为了孩子上学，频繁越级上访，导致矛盾激化。

2018 年 3 月，原告江某再次向法院起诉，要求变更儿子抚养关系。为了化解矛盾，法院联合该市未成年保护办公室，妇联、团委、家调委、社区、教育等部门工作人员积极配合，多次上门调解，钟某仍拒绝送孩子上学。经与孩子沟通，孩子表示愿意上学读书上，未成年保护办公室和市妇联联合取证，并作为未成年保护组织出庭支持诉讼。

【裁判结果】

法院经审理认为，适龄儿童接受义务教育是家长的义务，根据市团委、妇联作为未成年人保护组织为江某俊调取的大量证据材料，证明钟某作为法定监护人，剥夺江某俊的受教育权，严重影响了孩子的身心健康发展，侵犯了未成年人的合法权益。为保护江某俊的受教育权，保障其健康成长，法院在事实证据充分的情况下，依法变更江某俊的抚养关系。

【典型意义】

父母或者其他监护人应当尊重未成年人受教育的权利，必须使适龄未成年人依法入学接受并完成义务教育，不得使接受义务教育的未成年人辍学。与子女共同生活的一方不尽抚养义务，另一方要求变更子女抚养关系的，人民法院应予支持。本案中，江某俊随钟某生活期间，钟某不履行监护义务，拒绝送江某俊上学，不让孩子接受义务教育，严重侵犯了孩子受教育权利。钟某无工作，无住房，无经济来源，无法保障孩子生活、学习所需，且侵犯孩子受教育权，本着儿童利益最大化原则，法官判决支持江某变更抚养关系的诉求。

子女的成长是一个长期的动态过程，随着时间的推移，离婚时协商或判决所依据的父母双方的抚养能力和抚养条件可能会在子女成长过程中产生很大的变化，所以法律出于保证子女的健康成长考虑，允许离婚夫妇以协议或诉讼的方式变更与子女的抚养关系。在抚养的过程中，不光要给予生活保障，学习教育权利更应当保障，如果一方怠于履行义务，人民法院将依法进行抚养关系变更。

【改革探索】

司法改革背景下基层法院少年法庭发展路径选择

——少年审判与家事审判合并运行的改革模式探析

邵明艳* 贾 薇** 徐晓丽***

【内容摘要】

未成年人案件审判任务和社会形势的发展变化，给少年法庭建设带来新的挑战，尤其在司法体制改革的情境下，少年法庭面临着发展道路分歧甚至“存废之争”。本文从少年审判与家事审判合并运行的角度对司法改革背景下少年法庭如何更好发挥职能作用、怎样破解发展困境进行探讨。

本文以少年法庭司法理念与职能定位的实践审视为出发点，直面少年法庭囿于机构设置与受案范围内生矛盾的发展困境，在对未成年人案件综合审判庭、涉未案件指定集中管辖、少年家事案件审判庭三种模式进行利弊考量和实证分析的基础上，提出司法改革背景下应选择少年家事案件并轨审理的发展路径，在基层法院构建“1+N”少年家事审判体系。紧密围绕共同裁判理念确定少年家事审判庭受案范围，将罪错未成年人案件、18~24岁轻刑案件纳入其中，设立“罪错未成年人”矫治诉讼程序。吸收域外有益经验，提出建立少年家事案件“社会调查员”“诉讼程序代理人”“合适成年人陪同”等特色工作机制，并完善少年家事审判配套制度，成立少年家事审判专业咨询辅导机构，建立少年家事案件综合管理平台，优化少年家事法官业绩考核机制。

---

* 北京市房山区人民法院党组书记、院长。

** 北京市房山区人民法院研究室主任。

*** 北京市丰台区人民法院刑二庭助理审判员。

【主要创新观点】

第一，分析未成年人案件综合审判庭、涉未案件指定集中管辖、少年家事案件审判庭三种运行模式之利弊，基于涉未案件与家事案件社会病理相通、少年审判与家事审判核心价值相契合、发展路径相一致，提出少年家事审判合并运行的模式，兼而满足案源需求和内设机构改革要求。

第二，立足基层司法实践需要和制度的实操性，提出深化未成年人审判专业化机构建设，在基层法院建立“1+N”少年家事审判体系，即一个少年家事审判庭，一个涉未行政案件合议庭、N个人民法庭少年家事案件合议庭，最大限度实现便利当事人诉讼与审判专业化的平衡。

第三，立足促进未成年人健康成长和少年法庭长远发展，提出将法院受案范围向前延伸，将“罪错未成年人”案件纳入少年家事庭受案范围的设想，由法院享有处理罪错未成年人案件的“先议权”，实现对涉错未成年人的教育矫治。

第四，立足少年、家事案件柔性司法的审判特点，提出融合少年、家事审判理念，构建少年家事案件“社会调查员”“诉讼程序代理人”“合适成年人陪同”等制度，建议成立少年家事案件专业咨询辅导机构，发挥社会共同体作用。

1984年上海市长宁区设立我国第一个少年法庭，34年来少年法庭走过探索—发展—徘徊—改革的历程，为保障未成年人权益和完善中国少年司法制度作出重要贡献，获得了较高的社会认可度和国际影响力。当前，司法体制综合配套改革全面推进，随着以审判为中心的诉讼制度改革、法院内设机构改革等渐次开展，少年法庭改革亦提上日程。少年审判职能作用如何发挥、少年司法制度乃至立法如何完善，都亟待研究和解决。

一、实践审视：少年法庭的司法理念与职能定位

少年法庭作为少年司法体系的核心机构，在保障未成年人合法权益、促进家庭和谐社会稳定、推进完善中国特色少年司法制度等方面，发挥着不可或缺的重要作用。随着未成年人案件审判任务和社会形势的发展变化，少年法庭建设面临许多新的挑战。[①] 多年基层司法实践表明，少年审

① 颜茂昆：《关于深化少年法庭改革若干问题的思考》，载《法律适用》2017年第10期。

判独树一帜的先进司法理念、特色鲜明的审判工作机制，具有鲜活、强大的生命力，从国家治理、民族复兴、社会发展、司法改革等多种层面审视，少年法庭的职能只能加强不能削弱。

（一）保护性司法："寓教于审"保护青少年合法权利

通过未成年人案件的专业化审理，体现对未成年人的特殊、优先保护，是少年司法的一贯理念。相较于普通刑事民事案件，未成年人案件数量虽然不多，但每个案件背后折射的往往是一个家庭、一个学校、一个地区甚至整个社会在未成年人教育保护方面的问题。在刑事案件中，坚持"教育、感化、挽救"的刑事审判基本方针，通过教育矫治防控青少年犯罪，尽量减少成人社会的司法制度对未成年人的伤害；在民事案件中，坚持未成年人利益最大化和特殊、优先保护原则，充分保障未成年人的各项民事权利和诉讼权利，是对未成年人权利的最直接、有效的保护。

笔者所在法院的少年法庭近年来在审理百余名在校生集体食物中毒案、幼儿园老师针扎幼童案等事关少年儿童切身安全、具有重大社会影响的案件中，多次召开法官会议、专家论证会研讨疑难法律问题，广泛开展社会调查、心理疏导、帮扶救助等工作，取得良好的法律效果和社会效果。全国各地法院少年审判积累了非常丰富和宝贵的实践经验，探索出一系列适合未成年人身心特点的审判执行方式，不仅体现出少年审判的先进理念、专业技术、人文关怀，也发挥了法院在未成年人司法保护中的引领作用。

（二）柔性司法："国家亲权"保障儿童利益最大化

根据国家亲权制度的传统理论，国家作为一国之家长，负有保护未成年人的重要职责，其理论核心在于打破公权与私权的界限，通过外在监管保障儿童利益最大化。一方面，国家亲权的介入使得国家对未成年人的保护高于家庭保护，在家长侵犯未成年人权益时进行必要的司法干预和制裁，在家长职责缺位时通过公权力及时予以救济，使未成年人利益得到双重保障。另一方面，"国家责任的存在，使得未成年人犯罪所应承担的法律和社会责任成为'有限责任'"，[①] 国家对罪错未成年人像"慈母"一样宽容，从教育、保护的角度出发，以矫正取代刑罚，帮助其适应和回归

① 皮艺军：《中国少年司法理论与实践的对接》，载《青少年犯罪问题》2010年第6期。

社会。

实践中，少年法庭在这两方面发挥了极为重要的作用。各级法院贯彻最高人民法院“坚持最低限度的容忍、最高限度的保护”的要求，完善民事案件未成年当事人出庭、社会观护等制度，广泛开展亲职教育、法治副校长进校园等工作，对未成年人成长环境进行干预和优化；完善未成年人刑事案件法律援助制度、合适成年人到场制度、社会调查制度、前科记录封存制度，通过法庭教育、心理干预等，矫正其性格缺陷和行为偏差。在少年审判领域涌现出许多像尚秀云、詹红荔这样的“法官妈妈”，从未成年人视角看，少年法官不仅仅是裁判者，更是其成长的护航者，甚至一定程度上扮演了“家长”的角色，这正是国家亲权制度的司法体现。

（三）恢复性司法：“罪错未成年人”的司法处遇

司法是教育和保护未成年人的最后一道屏障，事关未成年人健康成长，事关社会和谐稳定。宏观层面，社会安全保护与儿童利益保护是一致的，通过教育矫治青少年犯罪并使其顺利回归社会，从根本上有利于维护社会稳定、实现“双向保护”。但是在具体微观层面也存在着价值博弈，虽然非刑化的恢复性司法从目的上有助于改善、矫治青少年犯罪，但仍不可避免带来一定程度的社会危害，甚至是牺牲部分社会安全利益。面对部分青少年犯罪呈现出低龄化、暴力化等特点，缺乏有效的干预机制措施，难免会造成“养猪困局”。

从均衡保护和社会综合治理的需求出发，应在现有诉讼程序之外设立“罪错未成年人”矫治诉讼程序，对未成年人罪错行为进行司法处遇，并由法院享有处理罪错未成年人案件的“先议权”。[①] 一方面遵循“优先保护原则”，只有极少数未成年人犯罪由检察院公诉，大部分罪错行为通过特殊程序先议和处遇；另一方面，“提前干预、以教代刑”，将罪错未成年人的司法矫治社会化，由法院和专门机构进行监管，阻断其违法涉错行为，真正起到预防犯罪的作用。

（四）司法社会化：司法职能向社会有效延伸

经过多年实践发展，少年司法“政法一条龙、社会一条龙”的工作机

---

① 法院作为审判机关，行使该类案件的裁决权具有法律依据，也符合以审判为中心的诉讼制度改革的内在要求。

制已日益成熟，由于少年司法的前瞻性理念和发展，使得法院在一条龙机制中处于事实上的主导地位，少年审判队伍整体素质较高、专业水平较强，也一直是青少年维权的优势力量。

少年法庭工作不断由内而外，从审判环节向司法其他环节辐射，向社会其他领域延伸发展。笔者所在法院曾就缓刑中漏洞向政法委发出司法建议，促成了我国首部缓刑监管办法出台及“社区矫正工作”在全国推广；该院对完善现行社会调查制度进行调研，推动全市首家涉未成年人案件调查中心诞生，使涉案未成年人社会调查制度在辖区全面施行。少年审判在很多地区发挥的辐射效应，带动了少年司法其他环节建立起专门机构和队伍，并逐步完善相关工作制度。

二、发展困境：囿于机构设置与受案范围的内生矛盾

（一）机构设置不统一，不利于对口指导

少年法庭历经30年发展，虽已不断完善，但仍存在组织形式混乱、机构名称不统一的现象。全国范围内少年法庭组织形式上有合议庭、独立建制庭、半独立庭等多种建制。名称上设置有“少年刑事案件合议庭”，审理未成年人刑事、民事、行政案件的“少年综合庭”，也有审理少年及家事案件的“少年家事审判庭”“未成年人及家事案件审判庭”“少年与家事审判庭”“家事审判庭”等多种名称，令人眼花缭乱。全国范围内没有统一的机构设置和统一规范的名称，不仅不利于上下级法院之间归口监督和指导，并已成为影响法院内部审判管理和少年法庭发展的重要因素。

（二）案件数先天不足，存在被边缘化的趋势

近年来，随着我国未成年人犯罪预防效果凸显以及刑事诉讼法的修改，大量附条件不起诉的轻微刑事案件在检察院得以消化，全国范围内少年法庭刑事案件数量呈现逐年下降的趋势。民事案件中，司法改革前涉未成年人抚养、探望类案件量占少年法庭收案量一半以上，改革后推进多元化解和速裁工作，该类案件由速裁庭分流，少年法庭案源再度锐减，面临“无米下锅”的境地，不仅特色审判机制作用发挥空间不足，少年法庭的存在也受到种种诟病，一些地方的少年法庭大量审理与未成年人无关或关系不大的案件，少年法庭的职能作用存在被边缘化和淡化的趋势。

（三）受案范围过于地方化，缺乏顶层设计

据不完全统计，全国范围内少年法庭刑事案件受案范围存在未成年人犯罪案件、学生犯罪案件、22 或 24 岁以下青少年犯罪案件、受害人为未成年人犯罪案件等不同组合。民事案件受案范围则更为多样，有以诉讼主体年龄进行分类的，也有以案件类型进行分类的。案件范围的划分，受人力、物力、案源等多种因素的制约，各地法院少年法庭受理民事案件的范围不统一、不稳定、不规范，往往取决于本地实际需要、领导意志、对少年司法的认识等非法律因素。[①] 最高法院虽出台了少年法庭受案范围相关规定，但对各地留有创新余地，少年法庭受案范围过于地方化，存在无序、混乱现象，顶层设计仍存在很大不足。

（四）改革偏向刑事审判，具有不完整性

少年法庭改革的经验举措多集中在刑事审判中，如分案起诉、圆桌审判、社会调查、合适成年人到场、法庭教育、档案封存等，在涉未民事案件审判中则鲜少探索出成功、可推广的特色审判机制。一方面使得少年综合审判庭的工作出现刑事强、民事弱的“瘸腿”现象，尤其是在刑事收案量急剧缩小的现状下，少年审判的特色优势无法尽数发挥；另一方面，涉未民事、家事案件审判虽已关注到未成年人的特殊需求，但司法制度层面缺乏相关保障措施，没有充分起到对涉诉未成年人全面保护的作用。

三、路径选择：少年审判三种运行模式之实证分析

目前，全国范围内少年审判主要分为刑事审判少年合议庭、未成年人案件综合审判庭、涉少案件指定集中管辖、少年家事案件综合审判庭等几种运行模式。少年合议庭虽大量存在，但缺乏独立建制，无法从专业化层面进行探讨；学界亦有成立少年法院的呼声，笔者认为目前条件尚不具备，暂不进行讨论。下面，主要对三种模式进行优劣分析。

（一）未成年人案件综合审判庭模式

目前，北京、上海等地大多数法院采用此种模式，受理本辖区内被告

---

① 刘立杰：《涉少民事案件范围的合理界定》，载《朝阳法律评论》2010 年 6 月。

人、被害人一方为未成年人的刑事案件及原、被告一方为未成年人的抚养、监护、侵害类民事案件。

表1　未成年人案件综合审判庭模式利弊分析

<table>
<tr><th>优势</th><th>劣势</th><th>综合比较</th></tr>
<tr><td>1. 便利民事案件当事人就近诉讼</td><td>1. 案源不足，案件数量大幅减少</td><td rowspan="4">制度优势明显，案源客观因素不容忽视，内部难以解决</td></tr>
<tr><td>2. 便利少年审判特色工作就近开展</td><td>2. 受案范围随意扩充，不规范、不统一</td></tr>
<tr><td>3. 便利普法延伸工作开展</td><td rowspan="2">3. 案件杂糅，少年审判特色理念、机制无法充分运用</td></tr>
<tr><td>4. 便利公检法司、共青团、妇联、教委协调配合</td></tr>
</table>

以B市S法院为例，未成年人审判庭现有人员8人，其中员额法官3人、法官助理2人、聘任制书记员3人，两名法官交叉审理刑事、民事案件，一名法官专门审理民事案件。2017年该庭共受理刑事案件27件、民事案件120件，人均结案数远远无法满足员额法官的考核指标要求。为平衡司法资源，2018年开始受理涉未离婚案件，数量占该庭全部民事案件50%以上。此种模式具有天然的“便利性”，优势明显，但最大的问题在于案件数量不足，难以维系正常运转。

（二）未成年人案件集中管辖模式

集中管辖模式是指在中级人民法院辖区部分基层法院设立未成年人案件审判庭，审理指定辖区涉未案件。

表2　未成年人案件集中管辖模式利弊分析

<table>
<tr><th>优势</th><th>劣势</th><th>综合比较</th></tr>
<tr><td rowspan="2">1. 集中管辖法院受理案件数量增加</td><td>1. 给当事人带来诉累</td><td rowspan="5">解决案源不足的权宜之计，综合考虑弊大于利</td></tr>
<tr><td>2. 特色工作就近开展不便</td></tr>
<tr><td rowspan="3">2. 辖区内涉未成年人案件量刑及裁判尺度相对统一平衡，解决了未成年人案件同罪不同罚等问题</td><td>3. 不同辖区公、检、法机关配合不足、协调困难</td></tr>
<tr><td>4. 未成年与成年人共同犯罪案件分属不同法院审理，易引发同案不同判</td></tr>
<tr><td>5. 各地普法需求不同，影响青少年普法教育特色品牌</td></tr>
</table>

此种模式突破地域管辖原则，暂时可以解决少年法庭案源不足的问题，但是缺点亦非常明显，在直辖市、设区的大城市尚可运行，面向全国基层法院来说则难以推广。

（三）少年家事审判庭模式

此模式将少年庭与家事庭受理的案件并轨审理，包括涉未刑事、民事案件及婚姻家庭、继承纠纷等案件。

表3　少年家事审判庭模式利弊分析

优势	劣势	综合比较
1. 增加案源，满足正常运转	1. 少年审判职能弱化	综合优势明显，满足现实需求，亦符合司法体制改革的新要求
2. 便利当事人就近诉讼和普法延伸工作开展，实现对老、幼、妇的倾斜性保护	2. 刑民交叉审判引发裁判路径冲突	
3. 家事案件多涉及未成年人权益保护，由专门审判庭开展特色工作更有优势	3. 民、刑事案件多寡不均，审判岗位配置不固定，工作内容与考核内容不匹配	
4. 依托少年家事两个审判平台，创新融合特色机制		

1. 实践描述："少家合一"试行状况的考察

B市F法院于2016年8月试行少年家事案件合一审理，将部分家事案件主要是离婚案件纳入未审庭试点审理。增加一名审判员，全庭共8人，组成4个"一审一书"审判团队，2个团队同时审理刑、民事案件，2个团队专审民事案件，运行两年来共审理案件2000余件，案件数量成倍增长，法官与同期民事审判部门法官人均结案数量无异。

从案件特点看，一是未审庭原案由案件数量相对稳定，每年380件左右，新增离婚案件数量较大，2017年为622件，占该庭全部案件62%，占全院离婚案件三成左右；二是刑民案件数量分化加剧，刑事案件呈逐年下降趋势，民事案件则大幅攀升（见表4）；三是涉未刑事案件数量较多的案由为盗窃、强奸、寻衅滋事、猥亵儿童、故意伤害、抢劫六类，占75.1%，传统犯罪案件更加突出。

表4　B市F法院少年家事合一审理案件分布情况

	刑事案件	同比下降	民事案件	同比上升
2015年	72件	—	331件	—
2016年	59件	↓18.06%	469件	↑41.69%
2017年	58件	↓1.69%	947件	↑101.9%

从审判机制看，刑事和民事案件审判理念、法律原则及处理的法律关系截然不同，对法官提出了较高要求。该庭曾试行一个团队专审刑事案件，由于案件数量较少，为平衡审判绩效，该团队需同时审理2倍于刑事案件的民事案件，需随时转换审判思维，且审判事务性工作繁杂，无暇深入运用少年审判特色机制。现采取两个团队共同审理刑事案件的模式，每队刑事、民事案件比均为1比8，审判延伸工作可集约开展，也利于审判业务交流探讨。

2. 寻根溯源："少家合一"运行的理论基础

笔者建议选择此种模式，深层次的原因有三方面：

一是涉未案件与家事案件社会病理相通。据有关研究，在违法犯罪的未成年人中，来自留守和流动群体的未成年人达70%以上，且呈现出低龄化、暴力型、作案手段成人化的趋势。① 父母对子女监护不力，是家庭亲子关系矛盾，属家事范畴；抚养类民事案件是婚姻关系或者非婚生关系中矛盾的延伸，亦是家事纠纷的直接反映。"家事案件能否得到妥善解决，直接关系到未成年人是否违法犯罪和健康成长。"② 因此，少年审判与家事审判同根同源，并轨审理可以找准类案病因，总结办案规律，对症下药，通过修复和挽救家庭、修正偏颇的监护关系，为未成年人提供健康的成长环境，保护未成年子女利益，预防青少年犯罪。

二是少年审判与家事审判核心价值相契合。少年司法历来有福利模式与刑事模式两种不同的理论体系，在价值诉求上体现了惩罚犯罪与保障人

① 于泓龙：《继续深化和完善我国少年司法制度改革——专访北京师范大学宋英辉教授》，载《人民法治》2016年第2期。

② 方芳、郭婕：《家事审判方式和工作机制改革试点工作推进会综述》，载《人民法院报》2017年3月1日。

权、程序正当与实体正义的冲突与选择，在《联合国儿童权利公约》“少年最大利益原则”的倡导下，两种模式已日益趋同。未成年人作为社会未来的主人，是家庭中最有价值的主体，也是家事纠纷中最需要保护的群体。“少家合一审理”便于在父母婚姻关系破裂时对未成年人作出最适当安排，从教育、保护未成年人本身，延伸到在家事案件中对妇女儿童家庭生存环境的改善和干预，实现权益保护的最大化。这既符合国际少年家事审判改革的趋势，也是国家加强未成年人权益保护和十九大“注重家庭、注重家教、注重家风、重视家庭文明建设”的具体要求。

三是少年家事审判具有区别于其他审判领域的共同发展路径。少年家事案件的性质具有特殊性，既有公益与私益的重叠，也有利益冲突与非利益冲突的交错，不能完全适用传统的对抗－判定式诉讼结构，使“法官被锁定在专业理性、司法技术的路径中，以致对家事纠纷的处理被压缩在有限的现代裁判者角色中”①，而应强调法官职权探知、对当事人处分权适当干预，最大限度作出公正、妥当的裁判。同时，少年司法“关注的是行为人的回归而不是对行为的惩罚，离开社会支持体系就不可能有少年司法。”② 家事审判同样需要完备的社会服务支持体系予以保障，目前最高人民法院等15个部门建立了家事审判方式和工作机制改革联席会议制度，但仍处于政策层面，缺乏配套措施支撑。少年家事携手合作，可以克服势单力薄的劣势，共同推动社会服务体系的建立和完善，在法院内部亦可推进审判和司法延伸工作综合质效考评体系的完善。

3. 现实需求：审判专业化与内设机构改革的双向选择

成立少年家事审判庭，纳入家事案件，将大大增加该庭收案数量，直接解决案源不足问题。在目前司法改革的背景下，如案件数量足够支撑一个庭的运转（少年家事案件占全院民事案件总数的四分之一左右），则全国范围内在每个法院都有成立少年家事庭的可能。少年审判和家事审判的专业化、特色化将得到最大限度的发挥，法院在未成年人、妇女维权工作领域将大有可为，并在全国各机关中保持继续领先和绝对的影响力。

结合当前形势，法院系统深入推进司法体制综合配套改革，内设机构

① 齐树洁、邹郁卓：《我国家事诉讼特别程序的构建》，载《厦门大学学报》2014年第2期。

② 宋英辉：《从六个方面着手推进少年司法社会支持体系》，载《检察日报》2015年6月27日。

改革工作即将开展，有限的机构编制数量和日益专业化、精细化的审判分工形成矛盾，审判机构数量势必大幅精简压缩。除传统的刑事、民事、商事、行政审判外，少年、家事审判想有一席之地，必须走融合发展之道。如此，既突出了专业化审判特色，又减少了审判机构的数量，符合改革趋势与要求，也为未来成立家事法院留下了探索空间。

四、模式构建：少年家事案件并轨审理的思考与建议

少年家事案件并轨审理的关键在于成立少年家事审判庭，这不是机构的简单整合、案件的简单相加，而是站在促进未成年人健康成长和维护家庭和谐稳定的高度全面部署，将未成年人审判中积累的先进经验运用到少年家事审判中，从审判理念、审判体系到审判机制等方面，全方位构建起有别于普通刑事、民事审判的少年家事审判制度。

（一）紧密围绕共同裁判理念适当确定受案范围

少年家事庭受案范围应当紧密围绕“未成年人利益最大化”、“国家亲权”理念，根据各类案件数量与审判力量的对比等实际情况予以确定。除少年法庭原有的涉未成年人刑事案件和家事法庭的婚姻家庭、继承等案件外，还应纳入以下案件类型：

1. 与未成年人有直接利害关系的民事案件

对于涉未成年人民事案件的受案范围，最高法院先后发布了三项规范性文件予以明确[①]，笔者认为其规定明确合理，符合基层司法实践，可沿袭适用。需关注的是，涉未民事案件受案范围“宜窄不宜宽”，应仅以与未成年人有直接利害关系为限，即案件的基础事实和原始法律关系主要围绕未成年人展开，案件的争议焦点、审理重心及审理过程与未成年人的生理、心理及健康成长具有直接关系。否则如受案范围过广，将导致案件数量飙升，挤占有限的少年司法资源。

2. 18～24岁轻刑案件

关于成年的标准问题，生理学、心理学和社会学范畴上与法律范畴上存在差异。学界普遍认为不满24周岁的青年人具有“半成年人”特性，

---

① 2006年《关于批准未成年人案件综合审判庭试点工作方案中有关事项的批复》，2009年《关于进一步规范试点未成年人案件综合审判庭受理民事案件范围的通知》，2011年《关于审理未成年人民事案件的若干规定》。

在精神和道德上缺乏自控力，易空想、冲动、任性，思想容易改变，将这部分人的轻刑犯罪案件纳入少年家事庭审理，更有利于对其改造和挽救。目前，我国一些法院将学生犯罪案件纳入少年法庭的受案范围，收效良好。纵观世界，从各国少年刑法演进规律来看，少年之年龄也有逐渐提高之势。①

3. “罪错未成年人”案件

公安机关每年受理大量有多次违法或犯罪行为，但未达到法定处罚数额或刑事责任年龄的案件，一般作出行政处罚（不执行）或与家长一起进行口头训诫，对于未满14周岁的未成年人则不予行政处罚，这对青少年犯罪难以起到震慑与矫治作用，极易导致“罪错未成年人”流入社会重新犯罪。将“罪错未成年”案件纳入少年审判，将受案范围向前延伸，矫治这类游离在刑法与行政处罚法处罚范围之外的未成年人，是少年司法的发展趋势。据估算，这类案件全国每年有30～50万件。

（二）建立“1＋N”的少年家事审判体系

少年法庭三十余年的发展采用“自下而上”的多元试点改革思路，尽管有最高人民法院的宏观指导，但各地多是自主“搭台唱戏”，缺乏顶层设计。少年司法是国事，应从深化未成年人审判专业化的角度加强机构建设，建议在全国四级法院建立专门的少年家事审判庭，并在基层法院建立“1＋N”少年家事审判模式。

即各基层法院成立一个少年家事审判庭，审理本辖区涉少刑事案件和与未成年人有直接利害关系的民事案件，以及院机关辖区的家事案件。同时，在行政庭成立专门合议庭，审理涉未成年人行政案件；在各人民法庭分别成立少年家事案件合议庭，审理各辖区涉未成年人的普通民事案件、家事案件。各合议庭隶属人民法庭，接受少年家事审判庭的业务指导，成立少年家事审判专业法官会议，定期召开研讨疑难案件、交流审判经验、促进机制建设。这一模式可避免少年家事庭案件数量过于庞大，使有限的少年司法资源惠及最需要帮助的群体，使专业性较强的未成年人案件得到最专业的审理，同时最大限度便利当事人就近诉讼，提高审判工作质效。

① 如日本规定未满20周岁为少年；德国规定已满18周岁不满21周岁犯罪人为未成年青年；美国30个州规定青少年犯年龄为20周岁以下，4个州为24周岁以下。

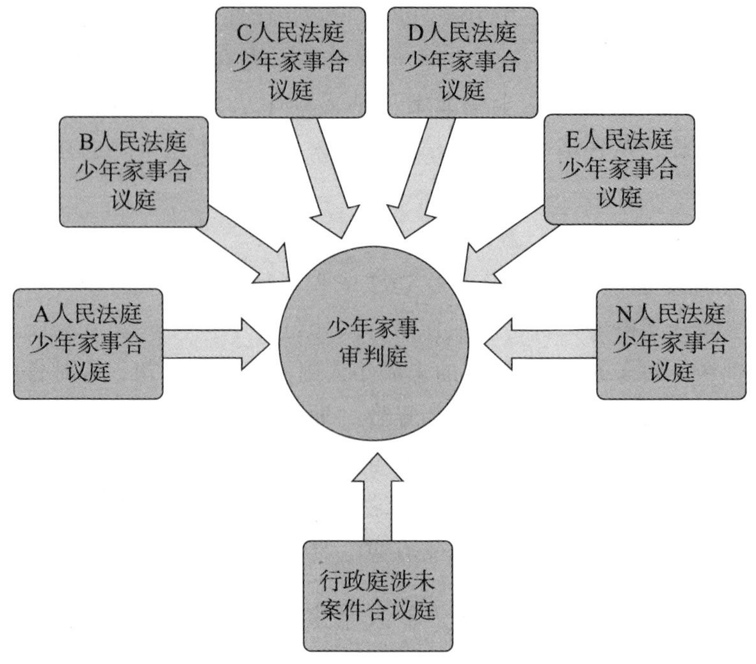

图1　“1+N”少年家事审判体系

（三）建立少年家事审判特色工作机制

1. 建立少年家事案件“社会调查员”制度

婚姻家庭案件中，化解当事人之间积怨较深的矛盾，需全面了解案件背景情况对症下药。许多法院在家事审判改革中设立了家事调查员制度，针对个案需要由法官委派法官助理或委托专职社会调查员，对当事人身心、财产状况等事项进行调查，帮助法官“诊断”案情。由于家事调查员的法律地位、调查结果的法律效力等尚不明确，目前该制度仍处于初步探索阶段。而少年审判中“社会调查员”制度已相对成熟，很多地方由司法局牵头建立了社会调查中心，对未成年人刑事案件从侦查阶段即委托社会调查员进行社会调查，为法院正确处理未成年罪犯提供参考依据。笔者建议，参照此模式建立少年家事案件“社会调查员”制度，由特定部门或专业社会组织招募聘请人员，对少年家事案件进行专业社会调查。

2. 建立涉未成年人家事案件“诉讼程序代理人”制度

在涉未成年人的诉讼案件中，监护人是其当然法定代理人。但当亲权或监护出现问题，即无人监护、监护不力或者出现虐待被监护人等情形时，法定代理制度的功能无法实现，未成年人权利保护出现“真空”。[①] 由于离婚案件中子女抚养问题往往处于从属地位，有的当事人为了尽快离婚可能对子女抚养问题随意处理。如果法官只能被动接受父母对子女抚养、监护、探视等问题的安排，则无法体现儿童最大利益原则。[②] 笔者建议，可借鉴德国、台湾地区家事事件法中程序辅佐人、程序监理人制度或澳大利亚家庭法中儿童诉讼代表人制度，在涉未成年人家事案件中，当未成年人与其法定代理人存在利益冲突等情况下，为避免法定代理人追求于己有利的裁判结果而不顾及子女利益，由法官为未成年人选任“诉讼程序代理人”，赋予其阅卷、参加庭审、申请调取证据、申请鉴定、提起上诉等权利，以便对家事纠纷中未成年子女利益进行确认，并在诉讼程序中加以执行。

3. 建立涉未成年人民事案件“合适成年人陪同”制度

合适成年人到场制度是少年刑事司法领域维护人权的一项重要制度，对于保护未成年人合法权益具有积极意义。虽然民事案件审判程序和氛围不同于刑事案件，但对于未成年人来说参加庭审无疑是一种陌生紧张、缺乏安全感的不舒适体验。在离婚、抚养类案件诉讼过程中，夫妻双方剑拔弩张、对簿公堂的场面往往会给心智不健全的未成年子女造成心理伤害，而无法准确表达自己的想法和意愿。在校园霸凌、意外伤害等人身损害赔偿案件中，除了监护人，未成年人可能更需要老师、医生的陪伴和鼓励。因此，有必要建立合适成年人陪同制度，由教师、社工、律师、心理专家或未成年人其他近亲属陪同参与诉讼，以降低未成年人的心理压力，真实表达自身意愿，利于法官作出公正合理的裁判。

4. 成立少年家事审判专业咨询辅导机构

目前仅以法院为主体推动未成年人司法保护和少年家事纠纷化解力量明显不足，联合相关政府部门、专业机构、社会团体等形成工作共同体，是促进此项工作长效发展的必备条件。可考虑借鉴国外青少年管理局、婚姻咨询机构等做法，探索成立少年家事审判专业咨询辅导机构，由党委政法委牵头，政府相关部门组织，选聘具有心理咨询、调解、儿童教育、社

---

① 曲昇霞：《论我国未成年人民事司法之定位与基本理念》，载《扬州大学学报》2013 年 7 月，第 17 卷第 4 期。

② 陈苇：《中国婚姻家庭法立法研究》，北京群众出版社 2010 年版，第 445 页。

会学、法学、医学等领域的专业人员，在社区或法院设置家事调解室、婚姻咨询室、心理治疗室等专业机构，与法院建立长效合作关系，为法官处理案件提供专业咨询意见，为当事人提供专业辅导等服务。

（四）完善少年家事审判配套制度

1. 建立少年家事案件综合管理平台

随着信息技术逐步渗透到审判工作的各个领域，越是专业化的工作其智能化的需求也更加突出。对于少年家事审判而言，不仅在司法程序、案件流程等方面区别于其他类型案件，需统计一些特有事项，且司法延伸工作内容多、跨度广，一个案件即使结案后也会因社会观护、心理疏导、判后回访等工作需要法官长期持续进行关注。目前法院的审判管理系统和诉讼档案系统明显不能满足这些需要。应开发针对少年家事案件的综合管理平台，设置案件流程管理、基础数据采集、特色工作追踪、工作量计算等若干模块，根据场景自动识别、抓取相关信息，生成个性化档案，融精细化审判管理、司法大数据分析及法官业绩考核评价为一体，以满足不同层面的管理需求和审判专业化的发展需要，提升少年司法核心竞争力，保障少年司法长效发展。

2. 优化少年家事法官业绩考核机制

员额制改革突出以审判工作的质效作为考核员额法官的主要标准，而在未成年人和婚姻家庭审判实践中，以案件数量和质量作为唯一考核依据具有不全面性。出于对未成年人权益的保护，在案件审理过程中需要法官花费大量时间精力去进行委托调查、指定辩护、法庭教育、心理疏导、判后回访、帮教矫治、普法宣传等大量审判前后的司法延伸工作，这些其实都属于法官的“隐形业绩”，也应该计入工作量，从而起到正向引导作用。笔者建议，对少年家事法官应采取“审判质效 + 司法延伸”的双重量化考核标准，将上述工作列为重要评估事项，抽取能够直观反映少年家事案件审判效果的部分指标，与目前法官业绩考核体系中的指标项一体化考量，重新配置权重、折算分值，对少年家事法官进行全面评价，体现专业化审判的特色和价值。

分立与合并：论内设机构改革中少年法庭与家事法庭的关系处理

赵芳芳* 孙 彪**

【内容摘要】

少年法庭与家事法庭同根同源，在受案范围上存在交叉，在操作技术上有很多相通之处，因此，家事审判改革为各法院构建专门化的家事审判庭提供了与少年审判庭分立与合并两条思路。需要注意的是，少年法庭与家事法庭属于两种不同的制度设计，家事审判改革的精神旨在从技术层面因地制宜地借鉴三十余年来少年审判改革的优秀成果，加速实现家事案件审判的专业化，不存在兼并和弱化少年法庭的问题，并且少年法庭仍需在家事审判改革中保持并发挥自身优势。为防止少年法庭工作人员可能出现的情绪和态度，避免机构建制受到改革冲击，本文结合目前全国范围的家事审判改革实践，实证统计试点区域的模式选择情况，进一步挖掘和解释触发家事审判改革的原因，为少年审判庭如何融入新设立的家事少年审判庭提供一些新思路，也给尚未构建独立家事审判庭的法院解答相关疑惑。

【主要创新观点】

针对少年法庭在各级法院内设机构改革中的动向，尤其是与家事审判庭合并和分立的大讨论，以及可能引发的法官和司法辅助人员对今后工作状态和工作内容的忧虑情绪、抵触心理。本文实证分析了少年法庭与家事法庭合并与分立的原因，并以办案人员为切入点，立足多种理论提出关注办案人的心理变化、科学完善人员管理制度和技术性应对案件处理，试图为正在进行的内设机构改革和家事审判改革做一些理论研究和解释性工

* 北京市大兴区人民法院审判管理办公室和研究室主任。

** 北京市大兴区人民法院研究室法官助理。

作。改革的有序进行当以人为本，因此本文引入了社会心理学的角色理论、人力资源的管理理论和多元化解决机制予以解释和提出应对举措。

引 言

“始于家邦，终于四海①”，家庭作为社会的细胞，对于社会秩序和社会风气的形成具有举足轻重的作用。近年来，家事案件呈现出的数量大、种类多、审理难、执行难的态势催生了家事审判改革的开展。为维护婚姻家庭关系稳定和未成年人、妇女、老年人的合法权益，促进公平正义又好又快地实现，最高人民法院决定在118家基层和中级人民法院开展为期两年的家事审判方式和工作机制改革试点，各高级人民法院自行确定符合实际的试点模式，即少年审判与家事审判合并或分头试点②。面对改革的逐步推进，部分干警对少年法庭在此次家事改革中的角色和作用表现出疑虑。少年法庭与新建构的家事审判庭的关系如何处理？家事少年审判庭是否是家事法庭对少年法庭的兼并？如何建构专业化的家事少年审判庭？为释明上述困惑，本文拟对试点情况和原因进行实证分析，立足于社会心理学、人力资源管理、ADR中涉少家事调解机制，多维角度探索构建专门化的家事少年审判庭。

一、现状展示：家事审判改革试点图景

自2016年开始，山西、江苏、贵州、新疆等全国范围内118个法院开展家事审判方式改革试点。据不完全统计，被确定为家事改革试点法院的包括新疆建设兵团在内的32个区域内，有19个试点区域将家事审判庭与少年审判庭合并试点，占比59%以上，分别为内蒙古自治区、辽宁、黑龙江、上海市、浙江、安徽、福建、江西、山东、湖北、湖南、广东、广西壮族自治区、海南、四川、贵州、陕西、新疆维吾尔自治区、云南；13个试点区域的家事改革以建立独立的家事法庭为主，分别为北京、天津、河北、山西、吉林、江苏、河南、重庆、甘肃、青海、宁夏回族自治区、新疆生产建设兵团，其中有些法院根据实际情况建立了女子维权合议庭或女子家事审判庭。据此可以看出，目前家事审判改革呈现以少年法庭和家事法庭合并建制为主、分头设立为辅的试点格局，大部分试点法院选取了合

① 孔丘：《尚书·伊训》。

② 参见《最高人民法院关于开展家事审判方式和工作机制改革试点工作的意见》。

并发展思路。除此之外，还存在一部分基层法院在建制上未分离但案件受理已有交叉的实际情况。本文以颇能反映基层普遍情况的B市D区法院的数据与改革为例进行实证研究，该院在家事审判改革中还未成立专门的家事审判庭，但以少年法庭审判业务为主的未成年人审判庭还审理涉少婚姻家庭类案件、侵权案件、合同纠纷。

二、成因分析：触发家事审判改革和两种试点模式的缘由

家事审判改革实际上并不是从2016年最高人民法院发布的试点意见开始的，在地方的司法实践中，早在1997年就有了成立家事审判合议庭或家事法庭的先例，将涉少民事案件纳入受案范围，如湖北省襄阳市中院成立的专门审理婚姻家庭类案件的婚姻家庭合议庭①。真正触发本次试点改革并推出两种试点模式的原因，可以从以下几个方面考虑：

第一，少年法庭与家事法庭在受案范围上具有交叉性，在技术手段上可适当借鉴。目前国内绝大部分的少年法庭已经不再是隶属于刑庭的狭义上的少年法庭，而是兼理涉少民事和行政案件的综合性审判庭。其中，涉少民事纠纷中也包含了一些婚姻家庭案件、抚养纠纷案件等。具体的案件范围划分，详见表1：

表1　家事法庭与少年法庭受案范围

家事法庭案件范围	少年法庭案件范围 （以B市D区法院为例）
1. 婚姻案件及其附带案件（离婚、婚姻无效、婚姻撤销、监护权、子女抚养费、离婚后财产分割等）； 2. 抚养、扶养及赡养纠纷案件； 3. 亲子关系案件（确认亲子关系、否认亲子关系）； 4. 收养关系纠纷案件； 5. 同居关系案件（同居期间的财产分割、非婚生子女抚养等）； 6. 继承和分家析产纠纷案件。	1. 犯罪时未满18周岁的未成年人犯罪案件； 2. 被害人为未成年人的刑事案件； 3. 被告人为在校学生的刑事案件； 4. 未成年人与成年人共同犯罪案件中的成年人犯罪案件； 5. 原被告双方一方为未成年人的婚姻家庭类案件、侵权案件、合同类纠纷案件。

① 陈爱武：《论家事审判机构之专门化》，载《法律科学》2012年第1期。

第二，一些基层法院的少年法庭涉少刑事案件数下降，为家事案件的并入提供了空间。从B市D区法院未成年人案件审判庭获取到的数据来看，该庭审结的未成年人刑事案件数从2013年的117件，其后逐年减少，至2017年审结的未成年刑事案件数52件，未成年人犯罪在刑事犯罪中平均占比为4.13%，犯罪总数整体呈下降趋势；自2010年8月建立未成年人案件审判庭起算，截至2018年3月31日共受理涉未成年人犯罪案件562件（包括未成年人犯罪案件及未成年人被侵害案件）；自2017年5月至2018年3月共审理涉未成年人民事案件470件，不足十个月的期间内已经占到了将近五年内未成年人犯罪案件数的83.62%。

第三，已有的少年法庭司法经验和工作成果，可为家事法庭的建构提供一些借鉴。中国内地最早建立的少年法庭是1984年11月上海市长宁区法院少年法庭[①]，由此算起少年法庭机制改革已进行了三十余年。以B市D区法院为样本，自2010年成立已有近8年的丰富经验，包括转变审判方式、引入未成年人心理干预机制、加强对未成年人隐私保护等（详见表2），在已审结的案件中，附带民事部分调解结案、受害人得到赔偿的比例达到83.3%，有效保障了未成年人的合法权益。

表2　B市D区法院未审庭的经验、成果

<table>
<tr><td>经验与成果</td><td>1. “圆桌审判”，温和询问；
2. 邀请专家，建立未成年人心理咨询室；
3. 典型案例制定成册宣传发放；
4. 向学校和有关部门发送司法建议；
5. 坚持和落实分案处理和不公开审理原则；
6. 建立未成年人案件社会调查制度；
7. 建立“合适成年人到场制度”；
8. 强化“法庭教育”程序；
9. 创建“家长告知书制度”；
10. 完善帮教回访机制；
11. 建立并完善社会观护员调查制度；
12. 建立未成年人法制教育基地，开展“蔷薇课堂”法治课程；
13. 加强部门联动，实行案件定期通报制度；
14. 丰富法治宣传形式，举办法制夏令营，创建“青春护航”法制期刊。</td></tr>
</table>

① 王宇堂、武波：《论少年法庭机制的完善》，载《少年司法》2014年第3期。

第四，日益庞大的民事和家事案件数，需要建立专门化的家事审判机构。从全国范围来看，从 2013 年到 2017 年的五年间，婚姻家庭类案件的数量处于稳步增长的状态，伦理关系和经济利益的纠缠，家事案件的处理难度一直都不可小觑，加之传统民庭还要处理其他类型的民事案件，据此，司法工作人员要在保证办案质量的基础上综合运用多元化纠纷解决的方式来处理家事案件，确实造成了民事司法资源上的紧缺局面。2013 年各级法院审结一审民事案件 355.4 万件，审结婚姻家庭、抚养继承案件 161.2 万件；2017 年各级法院审结一审民事案件 964.9 万件，审结婚姻家庭等案件 183 万件，较 2013 年分别增加约 171.50% 和 13.52% （如图 1）。

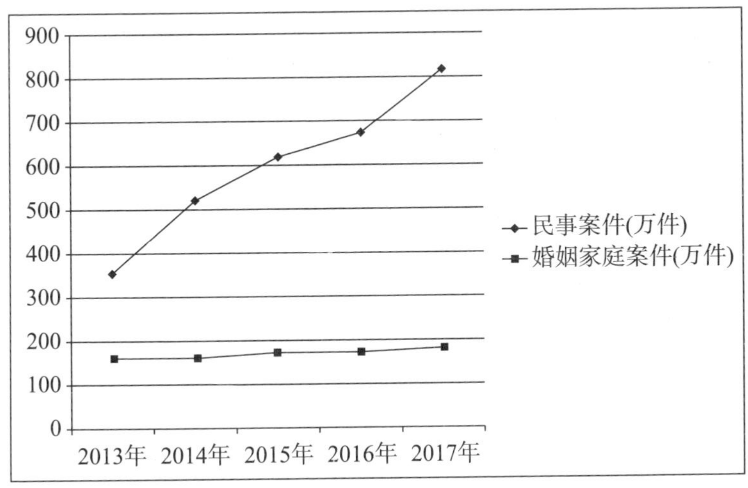

图 1　2013 年至 2017 年各地法院审结民事案件及婚姻家庭案件数量图

第五，一些地方的家事案件数量较多，确有独立建制并与少年法庭分立的必要。近年来的婚姻家庭类案件的基数一直趋于高位，以一线城市 B 市法院为例，2016 年审结民商事案件 421465 件，其中婚姻家庭案件 46516 件，同比增长 6.74%，以 251 个工作日计算，平均每天要审结约 185 件婚姻家庭案件；2015 年审结民商事案件 349249 件，其中婚姻家庭案件 43578 件，同比增长 4.32%，以 250 个工作日计算，需要日结约 174 件家事案件；2014 年审结民商事案件 300300 件，其中婚姻家庭案件为 41773 件，平均到 250 个工作日，大约每天要审结 167 件案件。由于家事案件涉及家庭伦理关系和经济利益关系[①]，处理难度大，审理时间长，新的案件类型不断出现，民商事案件数量逐年递增，强行成立家事少年审判庭容易使原少年法庭干警不堪重负，淹没少年法庭特有的业务优势，形成机构建制中的改革冲击。

三、困境分析：司改背景下少年法庭面临的新挑战

社会学家威廉？奥格本认为家庭具有经济保障、社会声望和地位、教育和社会化、社会保护、宗教传统、休闲娱乐、情感满足等多种作用[②]，家庭的和谐与稳定对青少年的身心健康尤其重要。基于家庭的重要意义，以及少年法庭与家事法庭同根同源，工作理念具有一致性，少年法庭和家事审判庭的合并共建可以实现部分资源的共建共享，比如调查员制度、心理咨询室、可替代性纠纷解决方式等，避免了分类处理可能引起的碎片化弊端，统一步调推动家事纠纷的及时、稳妥解决。因此，目前的司法实践中，半数以上的试点法院选择了成立家事少年审判庭，以期借鉴少年法庭已有成果、迅速构建起专业化的家事审判庭，但这并不构成少年法庭运行机制上的不确定因素或消极力量。

少年法庭与家事法庭属于两种不同的制度设计，虽然在操作技术上有共通之处，但不存在兼并和弱化的问题。然而，司法实践中不得不考虑以下几个方面的影响因素：

第一，少年法庭在司改背景下的改革方向应达到何种明确程度。少年法庭机制改革已三十余年，受案范围逐渐丰富，法官的业务能力呈现深度和广度双向提升，改革方向与现实需要基本保持一致。家事审判改革无论何种模式，原则上操作时都需要省级区域内公检法等相关机关部门达成一致、畅通对接、循序推进。少年法庭与家事法庭合并与分立，这种选项式改革思路并没有给出唯一确定的改革示范，容易使部分地方法院在建制中彷徨不前，需要经过一定时间的多方调研、大胆论证，才能做出符合本地实际情况的改革举措，以实现新事物代替旧事物的过程。但选项式模式选择，恰恰是给予各级地方法院改革的话语权，具体问题具体分析，避免了

① 厦门市海沧区人民法院课题组：《关于创新家事审判工作的调研报告》，载《东南司法评论》2015年卷，第273页。

② ［美］珍妮弗·孔兹：《婚姻&家庭！：别被幸福绊倒》，王道勇、郧彦辉译，中国人民大学出版社2012年版，第11页。

统一步调可能引起的不适反应。可以说，少年法庭改革的方向一直较为明确，将核心业务放在第一位。分立可以使少年法庭和家事法庭保持在形式上、业务上的独立，合并虽形式上归于同一组织构成，但并不必然导致业务上的混同，同一审判庭工作人员的功能分区问题，是解决合并模式下家事少年审判庭关键所在，也是其他业务庭室繁简分流不同类型案件可能面临的问题。因此，不适合作两种模式一种正确另一种错误的判断，也不能认定选项式改革思路的不明晰、不确定。

第二，少年法庭司法工作人员面对大量其他类型的家事案件态度如何。依据社会心理学的角色理论，个体在长期的社会关系中会形成自己对于所扮演角色的认识、态度和情感，即角色观念。在角色观念的指引下完成相应的角色行为并树立对应的角色形象，但角色观念的形成过程一般要经历拒绝角色阶段、承认角色阶段和接受角色阶段三个阶段①。未成年人案件审判庭由原本单一的少年刑事法庭逐渐发展为未成年人综合性案件审判庭，人员有限，所承办案件的数量和类型有限。以 B 市 D 区法院为例，未成年人案件审判庭共有干警 6 人，包括庭长 1 人、副庭长 1 人、审判员 1 人、司法辅助人员 1 人，书记员 2 人。该庭自 2015 年 8 月开始审理涉少民事案件以来，受案范围紧紧围绕未成年人展开，由于案件的特殊性质和保护未成年人身心健康的考虑，案件审理期限较长，相应的心理建设和帮扶教育尤其需要耐心和时间。如与家事审判庭合并，原少年法庭的法官需要承办其他类型的家事案件，客观上工作节奏加快，心理上可能不情愿、不积极，但这绝不是毫无理由的抵触。对于少年法庭法官而言，大量新类型的家事案件的涌入，也难免会给长久以来从事涉少刑事和民事未成年人审判工作带来巨大挑战。

第三，少年法庭的法官和司法辅助人员能否对家事案件进行专业化处理。不同案件类型的特殊性对于审判专业化的要求不同，因此各法院在对干警分配岗位过程中会考虑其本身专业和优势所在。原少年法庭的法官多来自刑庭，对处理未成年人犯罪案件具有专业的实践经验，在掌握了和未成年人良性沟通技巧的基础上，随着司法实践的需要，逐渐开始承办一些涉少民事纠纷，故其所擅长的办案技能具有明确的指向性——保护未成年人的合法权益。家事案件范围较大，大多是基于婚姻家庭关系网络产生的

① 奚从清、俞国良：《角色理论研究》，杭州大学出版社 1991 年版，第 103 页。

人身和财产权益纠纷，虽然涉及对未成年人的利益保护，但很大一部分的家事案件背后直接牵扯的是夫妻关系、婆媳关系、继承矛盾和财产分割。保护未成年人权益是处理这些案件必须考虑的道德和法律原则，不是核心和直接问题。自20世纪80年代后，离婚问题一度非常突出①，引发了大量的家事纠纷。以从B市D区法院获取的数据来看，该院2012年新收民事案件9236件，家事纠纷案件达1966件，占当年民事案件总数的21.28%；2013年新收民事案件11111件，家事纠纷案件达2655件，占当年民事案件总数的23.90%；2014年新收民事案件12252件，家事纠纷案件达3160件，占当年民事案件总数的25.79%；2015年新收民事案件13164件，家事纠纷案件达3285件，占当年民事案件总数的24.95%；2017年截至4月底，家事纠纷案件新收达1365件，占民事案件总数的18.76%。家事案件中大量离婚案件的审判技术和调解技巧与未成年人案件有所区别，对于熟谙未成年人案件审理工作的少年法庭干警而言，是一个新领域和新世界。家事审判业务和技能的生疏，加之巨大的工作压力，可能影响少年法庭干警原有的专业化优势。

第四，已有成果的改进和推广应用工作如何开展。少年法庭的工作机制改革开展以来已经取得了很多突破性的显著成果，能够为家事审判改革试点提供一些经验和借鉴。然而，针对未成年人设置的裁判机制不一定完全适用于所有的家事案件，相关成果的借鉴和吸收仍需要一个较长的过程。一方面，在社会调查制度的适用上，对于未成年人犯罪案件，应当调查清楚未成年人的性格特点、家庭情况、社会交往、成长经历、犯罪原因、监护教育等情况，以便能准确评价其人身危险性、准确适用刑罚并开展教育、感化、挽救工作；而对于家事案件，目前家事调查员设置的主要作用是为了查明事实，如对于财产情况的调查，并非对修复婚姻家庭关系的评估，难以取得类似未成年人社会调查的效果，诚然，还存在司法辅助人员人手不够等实际困难。另一方面，在工作机制建立的基础条件上，少年法庭的经验都建立在对未成年人的身心健康充分关怀和保护的基础上，在法官的配置上一般都考虑具有心理学和社会学背景、经验丰富、细致耐心、和蔼宽厚的女性法官，很多地方法院如B市D区法院未审庭还成立了“1+N+N”的动态未成年人审判模式，以专业的审理来最大限度地维护

① 谭深：《家庭社会学研究概述》，载《社会学研究》1996年第2期。

未成年人的合法权益、修复未成年人受伤的心灵①；对于家事案件而言，由于其长期处于传统民事法庭的管辖范围之内，只是众多案件类型的某一部分，法官常常将关注的焦点放在巨额经济利益纠纷案件上②，不愿意专注于琐碎的家庭案件，因此导致专业的婚姻家庭法官缺口较大，很多法官都是一边学习一边审理，势必会影响家事审判工作的质量。

四、路径探索：多维建构家事少年审判庭

因此，当试点选择少年法庭与家事法庭合并模式时，少年法庭如何参与家事少年审判庭的业务和建制。本文提出：

（一）快速转换角色，保持少年审判的专业性

同一审判庭的法官需要进行必要的的功能分区，以扬长避短、保证办案的质量和效率。同样，无论少年法庭分立或合并，合理分配法庭工作人员的业务和功能十分必要。法官及法官助理的功能区间的划分要考量他们各自的特长、经验、成果、兴趣、意愿等综合因素，也就是充分考虑其原有角色。按照社会心理学的角色理论，个人形成角色观念的过程也应当是个人角色学习的过程。在形成个人的角色观念的同时，还要进行角色的学习，包括学习角色技能、完成角色任务，以及为塑造良好的角色形象应当具备的知识、经验等。少年法庭的法官和司法辅助人员具有丰富的未成年人办案经验和专业的心理学、社会学背景，这是角色优势，却也难免会因为长期的工作环境和工作内容形成对自我的固定评价。随着家事审判改革的推进，无论地方法院采取何种试点模式，都无可避免地会出现涉少民事案件和家事案件某种程度上的交叉和关联，因此，法官和司法辅助人员的角色定位和角色转换就显得尤为必要。

首先，明确角色学习的综合性过程，加快对于相关领域的专业知识储备的学习。家事案件具有婚姻家庭的伦理性、身份关系的本原性、争议标的的公益性、法律关系的差异性等特点③，随着经济社会和科学技术的迅速发展，代孕纠纷、家庭暴力、婴儿权益等新型案件相继涌入法院，片面的、零碎的学习难以满足日益复杂的司法实践的需要。少年法庭审判人员

---

① 杜万华：《民商事案件九个大问题》，载《法律适用》2016年第7期。

② 曹思婕：《我国家事审判改革路径之探析》，载《法学论坛》2016年第5期。

③ 李徐州、王道强：《家事审判的司法理念与运行原则》，载《人民司法》2016年第34期。

与家事法庭审判人员都应当不断加强综合性学习，关注交叉性领域涉及的司法技术和技能的学习。

其次，建立长效互动交流机制，做对方的角色伴侣。没有参照个体或参照群体作为角色学习的榜样和楷模，就很难体会角色学习的权利、义务和情感。无论少年法庭与家事审判庭合并与分立，二者都有各自值得学习的经验和技能，庭内或庭外都可以组织典型案例和新型案例的研讨和学习活动，实现在涉少家事案件审理上的成果借鉴。

最后，加快适应角色的转变，取长补短提升职业技能。个人的角色不是一成不变的，总要随着自身和社会环境的变化发生或多或少的角色改变。并入家事少年审判庭的少年法庭工作人员应不断主动学习，弥补自己在处理某些案件上的不足，调节好个人情绪和个人状态，迅速适应作为家事审判法官和司法辅人员这一新的角色要求，避免角色偏差现象的出现。

（二）优化人力资源结构，实现家事少年审判的帕累托最优

人力资源管理是组织战略的重要组成部分，影响着组织部门的高绩效工作实践[①]，而司法机关内部的人事调动很大程度上决定了个人的职业发展方向。新建家事法庭或将少年法庭并入成立家事少年审判庭，毫无疑问地触及了法院的人事调动。家事案件长期由传统的民一庭进行审理，受案范围还涉及人身权纠纷、侵权类纠纷、交通肇事赔偿纠纷等，因此，真正的涉少家事案件专家型审判人员相对较少。司法实践中海量家事纠纷的高效处理，需要在人力资源的配置上作出调整。

第一，识别和甄选合格人员负责涉少家事案件的处理。建立合理的法院人力资源规划，需要对当前的人力资源进行细致的评估，尤其强调对于受教育程度、专业背景、培训和工作经历、执业资质和专业技能等方面信息的统计，同时制定出匹配不同岗位的工作分析，分析中要求细化与之相应的硬性资格和条件，如社会学、心理学专业背景等[②]。除此之外，为满足未来涉少家事案件审判对人力资源的需求，一方面要合理调配内部人员，将人员配备过多的庭室的一定数量人员逐渐转移至人员配备不足的家

① ［美］斯蒂芬·P·罗宾斯、玛丽·库尔特：《管理学》，李原等译，中国人民大学出版社2012年版，第312页。

② 蒋月：《家事审判制：家事诉讼程序与家事法庭》，载《甘肃政法学院学报》2008年第96期。

事法庭。如果内部的调配难以满足家事法庭的办案需求，还要对特定资质人员进行招聘申报，完成有生力量的培养和招聘，建立长效家事少年审判人员的养成机制。

第二，定期培训和不定期交流提升涉少家事案件审判技能。培训和交流都是为了掌握和提升岗位所必备的技能和知识。家事少年法庭的法官一般会选择有婚姻或生育经历的女性，就是为了让法官在处理家事少年案件中能够通过切身体会柔性、妥善处理人身和财产权益纠纷。可以说，女性本身和蔼宽厚的特质和婚姻家庭中的经历，符合了涉少家事法官应当具备的某些条件。对家事少年法庭人员的培训和交流活动，可以是由本院内部组织的交流会议，如不定时的家事少年审判专业法官会议，对一些重大疑难复杂的案件，要充分发挥法官集体智慧，甚至提交审委会，以更好地解决事实认定难、法律适用模糊等问题。也可以是与其他法院、研究机构、高校、学者专家等进行的前沿性研讨会，帮助拓宽审判思路，提升专业化水平。

第三，最大限度减少重要职位的外部性影响。法院一年有数次的人事调动，包括一些职位人员的平级调动和晋升，以及从本院借调或调入到上级部门和其他单位。家事少年审判改革正是用人之际，确实应该借鉴少年法庭的成果，建立类似于“1 + N + N”这样相对固定的工作机制。由于少年法庭审理案件的特殊性，法官的构成长期保持稳定，以保证这种稀缺性资源需求得到满足，同时逐渐积攒的审判经验和调解经验，使纠纷的稳妥处理愈加专业。据此，家事少年法庭在构建中如果能够形成相对稳定的工作机制，将人员与岗位适当固定，并基于该人员考核政策上一定程度的倾斜，就可以有效防止涉少家事专家型法官的流失。

（三）灵活运用多元手段，助推涉少家事案件的全面非诉化

少年法庭的工作机制改革与家事审判改革虽然与有诸多相通之处，但也不可照搬照抄同样的审判方式和工作机制。涉少家事案件的伦理性以及可能产生的社会影响，要求司法实践中要充分保障家庭成员的隐私和名誉等权益。涉少家事案件取证较为困难，事实的真相如何只有当事人最为清楚，法官根据法律规定和有关证据作出的审判可能会与真相之间产生一定距离。因此，如果采取多元化的纠纷处理方式，对于实现个案的公正意义重大。换言之，以非诉方式解决涉少家事纠纷有利于修复破损的婚嫁家庭

关系[1]，挽救家庭幸福，维护家庭稳定。

第一，建立与派出所、民政、妇女权益保护组织等部门的联动机制。涉少家事案件数量多、案情复杂，单纯依靠法院调解的方式来处理确实进度较为缓慢。然而，民政部门参与了结婚和离婚、抚养儿童和赡养老人等婚姻家庭关系，与涉少家事纠纷当事人联系密切；派出所接到相关纠纷的报警电话后及时赶赴现场，必然了解更多真实的情况；妇联组织内部一般都配备社会学、心理学背景的专业人士，有利于开展涉少家事纠纷的调解工作。如果能够充分发动民政部门、派出所、妇女保护组织等有关部门的力量，面向纠纷双方动之以情、晓之以理地劝说和调解，可以帮助司法人员快速有效地处理纠纷，提高涉少家事案件地调撤率。

第二，向社会购买服务，扩充专业的涉少家事调解员队伍。涉少家事纠纷的特点需要专业的司法辅助人员与之匹配，但实践中司法辅助人员的招聘中多是经验较少的年轻人，这就限制了其在涉少家事调解工作中的作用发挥。考虑到购买成本的因素，购买可以面向关注未成年人成长问题的退休老教师，也可以面向高校心理咨询专业的师生群体，还可以面向具有一定威望和社会影响力的公益爱好者。

第三，综合利用信息技术手段，强化心灵修复功效。法院的信息化建设不断加强，相应的电视、电子屏等设备也应当参与到定纷止争的工作中，尤其是对于建立在亲情或爱情之上的家事纠纷。真人录制的视频自白可以避免当事人面对面时存在的尴尬，向对方吐露真实心声，挽救摇摇欲坠的婚姻家庭。微电影形式的法制宣传片可以发挥视觉和听觉的冲击效果，唤起当事人心底的良知和共鸣，达到忏悔过去、修复人际关系的效果。

结　语

无论少年法庭与家事法庭合并或分立，都应该明确二者在质的根本上的不同，这是改革中理应遵守的规律和共识。以未成年人刑事案件为主要受案范围的少年法庭，不仅承担着新时期预防未成年人犯罪的历史性任务，还应当在技术层面帮助专门化家事法庭的稳妥构建。同时，需要警惕日益趋向分工专门化的少年司法审判切莫演变成“运动式”的改革，引起的所有“不适反应”都应当在渐进式的治理中被重视并解决。

---

① 陈莉、向前：《英国家事审判制度及其启示》，载《法律适用》2016年第11期。

以强制性亲职教育*问责教养失职监护人

——罪错未成年人之监护人法律责任探究

游 涛** 张 莹***

【内容摘要】 未成年人犯罪与监护人教养失职密切相关，但由于监护人法律责任的立法缺失，实践中存在"家长有病，孩子吃药"的错位。为避免罪错未成年人再度成为问题家庭的代罪羔羊，应以强制性亲职教育追究教养失职监护人的法律责任，通过干预问题家庭，实现未成年人犯罪预防。强制性亲职教育的裁判权应赋予法官，裁判对象应包括对未成年人不良行为、严重不良行为或违法、犯罪负有教养失职之过的监护人。

【关键词】 未成年人；监护人；亲职教育；法律责任

从轰动一时的"李某某等强奸案""电梯摔婴案"到近期曝光的"三少年打人事件"，因为家庭教育不当引发的社会问题越来越成为人们关注的焦点。一位最高人民法院资深法官深有感触地说，穷人、富人、名人、官员都不知如何教育孩子，从而形成了广受非议的"官二代""富二代"现象，这些已经严重影响到家庭幸福、社会和谐和国家未来。未成年人罪错与监护人家庭教育有何关联？监护人是否应为此承担责任？域外有何值得借鉴的经验？应该如何构建起监护人法律责任体系？面对"生而不养，

* 亲职教育（Parents education）在20世纪三十年代为西方国家所倡导，一般意指对家长进行的旨在使其成为一个合格称职的好家长的专门化教育。参见王连生：《亲职教育理论与应用》，台湾地区五南图书出版公司1998年版，第6~7页。本文所称强制性亲职教育，作为失职监护人承担法律责任的一种形式，是当未成年人因监护人教养失职出现行为偏差时，国家以司法裁判形式对其家庭教养方式予以适当干预，要求监护人接受的一定时限的亲职教育辅导。

** 北京市海淀区人民法院未成年人案件审判庭庭长，刑法学博士。

*** 北京市海淀区人民法院未成年人案件审判庭审判员，刑法学硕士。

养而不教，教而不当”① 的严峻形势，以上问题值得反思。

一、未成年人犯罪中的监护人教养失职问题

心理学研究表明，人的“依恋与情感”“言语与社会性”“观念发展”“性格形成”等重要心理发展环节一般在6岁前后便已逐步完成（详见表1），而6岁以前心理形成的主导者就是家庭教育。父母对子女的影响深入骨髓，“父母管教的影响力，不仅存在于儿童的行为，亦会对其心理、情绪、人际和社会化带来不容忽视的后果。父母管教方式不当，孩子易有反抗和反社会、攻击性的行为表现，使得其易被同伴排挤，出现行为偏差甚至违法犯罪。”② “社会问题可归结于人的问题，人的问题可归结于早年，早年问题可归结于家庭”③。犯罪问题与家庭教育密切相关，问题少年可谓问题父母的产物。

表1 人的心理发展阶段

<table>
<tr><th>年龄段</th><th colspan="3">心理时期</th><th colspan="2">心理发展内容</th></tr>
<tr><td>0~1岁</td><td>乳儿期</td><td rowspan="3">家庭教育</td><td rowspan="4">依恋期</td><td rowspan="4">依恋与情感
言语与社会性
认知方式出现
观念发展
性格形成</td><td rowspan="6">未成年人</td></tr>
<tr><td>2~3岁</td><td>婴儿期</td></tr>
<tr><td>4~5岁</td><td>幼儿期</td></tr>
<tr><td>6~11岁</td><td>学龄初期</td><td rowspan="3">学校教育</td></tr>
<tr><td>12~15岁</td><td>少年期</td><td rowspan="2">青春期</td><td rowspan="2">自我意识发展
独立性出现
同辈交往等</td></tr>
<tr><td>16~17岁</td><td>青年初期</td></tr>
<tr><td>18~25岁</td><td colspan="3">青年中期</td><td rowspan="4">人格趋于稳定
性格决定命运</td><td rowspan="4">成年人</td></tr>
<tr><td>26~35岁</td><td colspan="3">青年晚期</td></tr>
<tr><td>36~60岁</td><td colspan="3">中年期</td></tr>
<tr><td>61以上</td><td colspan="3">老年期</td></tr>
</table>

笔者从本院2013年审理的155名未成年犯中随机抽取了100人，以未

① 李玫瑾：《构建未成年人法律体系与犯罪预防》，载《少年——和谐社会的希望》，人民法院出版社2006年版，第253页。

② 王钟和：《亲职教育》，三民书局2009年版，第73页。

③ 李玫瑾：《未成年人违法犯罪预防——成长中的心理问题》的讲课内容，载http://v.youku.com.

成年犯家庭情况调查问卷和社会调查报告为依据，对犯罪的家庭因素进行分析。同时随机选取了2所中学的100名普通初中生[①]作为对照组抽样调查，从家庭情况角度与未成年犯进行比较分析，以考察未成年人犯罪与监护人教养责任的相关性。调查结果显示：

（一）未成年犯多来自结构残缺家庭，父母关系一般，家庭监护不力

51%的少年犯来自单亲、继亲或婚姻动荡家庭（详见图1），而这一比例在普通学生中仅为8%。双亲健在的未成年犯中，父母关系较差或一般者近三分之二，远高于普通学生中的比例。此外，半数以上的未成年犯曾脱离家庭监护，除独居者外，其共同生活对象包括同性朋友、男女朋友、工友等；而脱离父母监护的情况在普通学生中所占比例极低，多在寄宿生中存在。

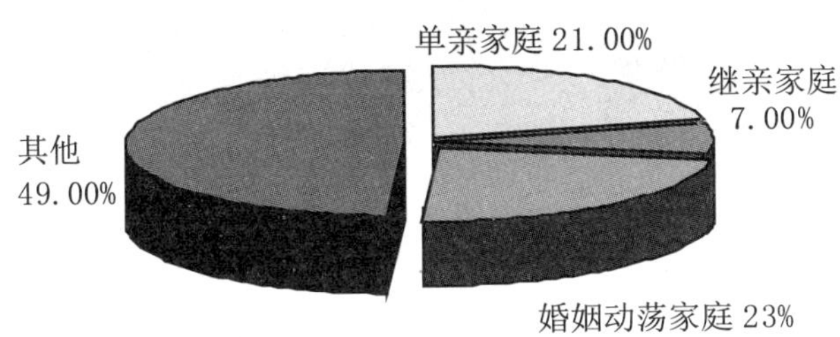

图1　未成年犯家庭结构

（二）未成年犯家庭教育方式不当，亲子关系较差

未成年犯家庭中溺爱型占34%，放任型占21%，另有23%的家庭以打骂体罚为主。普通学生家庭多以说服教育为主。（详见图2、图3）家庭关系方面，41%的未成年犯与父亲关系不好或一般，32%的未成年犯与母亲关系不好或一般，甚至有37%的未成年犯表示恨过自己的父亲或母亲，而普通学生中选择与父母关系不好或一般的仅占14%。

对比两组数据可知，未成年犯家庭结构残缺、家庭监护缺失、教育方

① 考虑到抽样调查对象中非京籍未成年犯占多数的情况，为增加对照组数据的可比性，调查者在选取被试时，有意提高了非京籍普通学生的比例。

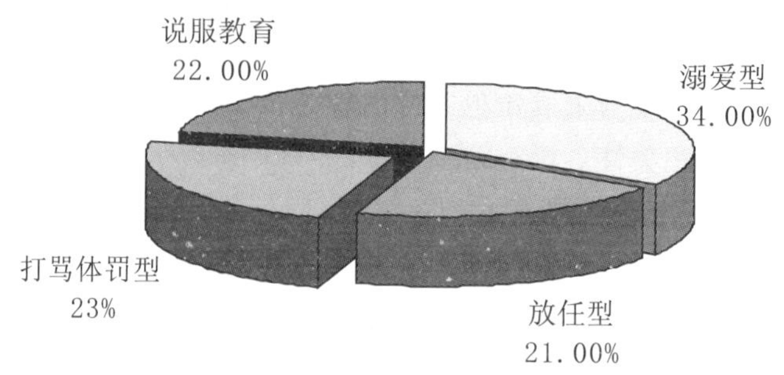

图2　未成年犯家庭教育方式

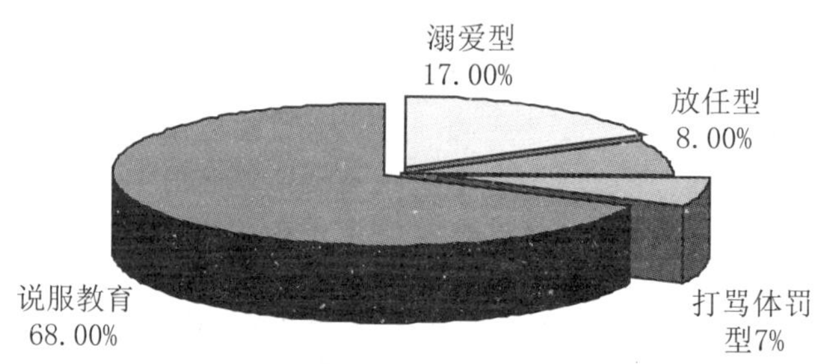

图3　普通中学生家庭教育方式

式不当的比例均远高于同龄普通未成年人，未成年人犯罪与其监护人教养失职密切相关。

其他全国抽样调查亦可印证前述分析结果。一项2013年对10个省市990名未成年犯的调查①数据显示，未成年犯在与父母的情感交流中，溺爱的情形达三分之二以上，主要表现为过于疼爱与不当顺从未成年人；另有22%的处于严重缺乏父爱母爱的状态，主要表现为不管不问、经常打骂、不给足够的吃穿，甚至赶出家门，其中占比最高的是不管不问，约占8.6%（详见图4）。未成年犯“觉得不能正常得到父母关爱”的占22%，未成年犯认为自己存在情感交流障碍占21.4%，与前者比例相当，由此可推测父母的正常关爱对未成年人的情感交流存在重要的影响，严重欠缺父母正常关爱的未成年人极容易出现情感交流障碍的问题。

① 路琦、董泽史、姚东、胡发清：《2013年我国未成年犯抽样调查分析报告》，载《青少年犯罪问题》2014年第3期。

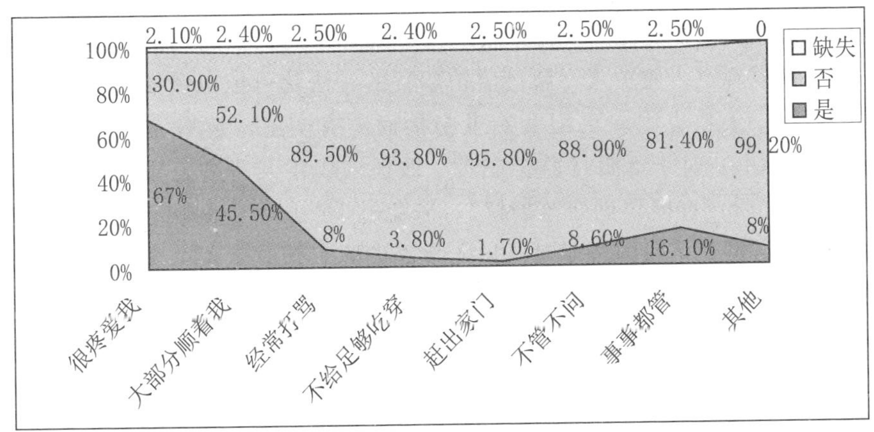

图4 父母对未成年犯疼爱状况分析

二、教养失职监护人法律责任缺失

未成年人犯罪与其监护人教养失职密切相关，监护人作为有责者，应为被监护未成年人的罪行承担一定责任。那么我国法律是如何规制教养失职监护人法律责任的呢?

经考察不难发现，我国法律对直接侵害未成年人权益行为非常重视，规定了剥夺人身自由、剥夺监护权、治安管理处罚等较严厉的处罚;[①] 但对于不履行监护职责、放任未成年人不良行为或违法犯罪等教养失职监护人，没有规定恰当的法律责任形式。仅有的法律责任形式，分别是“训诫”“责令严加管教”和“剥夺监护权”。“训诫”规定在《未成年人保护法》和《预防未成年人犯罪法》中。这两部法律都以大量条款规定了家庭教育义务，但仅仅规定了在家长不依法履行监护职责时，其所在单位或者居民委员会、村民委员会或公安机关可以予以“训诫”。“责令严加管教”与“训诫”类似，是《刑法》对因未满16周岁不负刑事责任未成年人父母的规定。很显然，“训诫”和“责令严加管教”均不提供科学的家庭教

① 如根据刑法规定，监护人故意伤害、虐待、遗弃未成家庭成员的，情节恶劣的，依法要承担刑事责任。根据《民法通则》第十八条第三款规定，监护人侵害被监护人的合法权益的，法院可依申请撤销其监护资格。根据《未成年人保护法》第六十二条规定，监护人侵害未成年人合法权益，构成违反治安管理行为的，给予行政处罚。

育方法，而且其原则性较强，缺乏刚性和足够的严厉性，在实践中往往因为收效甚微而较少适用。“剥夺监护权”规定在《民法通则》第十八条第三款。该款规定，监护人不履行监护职责的，法院可依申请撤销其监护资格。但这一条款也因缺乏配套制度衔接而鲜有实施，被喻为“沉睡的法条”。实际上，对于不履行监护职责、放任未成年人违法犯罪的监护人在“训诫”之后，直接“剥夺监护权”，未免过于严厉，中间缺乏过渡性法律责任形式。可见，我国法律对监护人教养失职责任有效调整实际上还处于真空状态。

法律如果只规定了义务，没有规定法律责任，或者法律责任的承担方式没有足够的可操作性、强制性，那么，这种法定义务将难以引导人们自觉履行，法律所希望达到的调整目的难以实现。为体现对未成年人的切实保护，防止其因未受到良好的家庭教育而出现反社会倾向，必须以更加具有可行性、针对性，能够弥补“训诫”与“剥夺监护权”之间责任阶梯空白的法律处罚方式来强化父母对子女的责任。

三、亲职教育在司法实践探索中存在的问题

既然监护人教养失职与未成年人罪错之间关系密切，那么通过亲职教育提高监护人家庭教育能力，改善未成年人的家庭教育环境，无疑是预防罪错未成年人重新犯罪最有针对性的方法。我国一些基层法院为此进行了深入探索。比如在2013年，北京海淀法院联合共青团中央中国预防青少年犯罪研究会及辖区公安分局、检察院、司法局、教委等单位会签《关于共同开展家庭教育指导工作的意见》，为违法犯罪未成年人监护人及涉少民事纠纷当事人开设“亲职教育课堂”①，通过个别辅导、小团体辅导、大团体辅导、亲子互动、读书会等多种形式进行家庭教育指导，赢得了社会各界好评。但亲职教育在司法实践探索中存在如下障碍：

① 该工作曾被中央综治办、共青团中央、中国法学会联合评选为“未成年人健康成长法治保障制度创新”最佳事例，并获得最高法院多位领导批示肯定，其中沈德咏副院长批示：“海淀法院历来高度重视少年法庭工作，具有良好的工作基础。他们根据新形势发展需要，开展亲职教育活动等一系列实践探索，对于丰富和发展我国少年司法制度而言，无疑具有开拓创新的意义，值得认真总结并适时加以推广。”张莹：《海淀法院：少年法庭亲职教育工作纪实》，载《中国审判》2014年第3期。

（一）法院无亲职教育强制权

如前所述，我国法律并没有赋予法院强制监护人接受亲职教育辅导的权力，因此法院在组织亲职教育时，只能以自愿的形式劝导监护人参加。实践中有很多监护人并不配合，以各种理由予以拒绝，而且“逃课”的往往是怠于履行职责严重，子女有多次违法犯罪经历，最需要接受亲职教育的监护人。法院对这类监护人不能采取强制措施予以督促，从而导致罪错未成年人的家庭教育状况无法得到改善。

（二）一些监护人因客观原因不能完成亲职教育辅导

有些监护人家在外地，不能在审判法院接受亲职教育，而绝大部分法院并不提供亲职教育辅导，这让一些有意接受辅导的监护人无法获得机会；而有些家长工作繁忙，也不能按照法院提供的时间来接受亲职教育。

（三）法院缺乏足够的专业能力和时间来提供亲职教育辅导

法院的主要职能是审判，需要完成大量的本职工作，很难有足够多的时间来提供保质保量的亲职教育辅导。而绝大部分法官也缺乏专业的家庭教育知识背景和能力，法院并不具备足够的专业能力来完全自主地承担起亲职教育辅导任务。实践中，法院只能聘请一些家庭教育专家定期开展辅导（比如海淀法院每两个月提供一次辅导），这在很大程度上影响了辅导效果。

四、强制性亲职教育应作为监护人的法律责任

为解决上述监护人法律责任空白和司法实践中的探索障碍，从根本上消除未成年人罪错与监护人教养失职之间的关联，有必要借鉴域外有关立法经验，引入强制性亲职教育，将其作为教养失职监护人承担法律责任的方式。

（一）来自我国台湾地区的启示

我国台湾地区 1997 年修订“少年事件处理法”时增设了强制性亲职教育责任，后经两次修订日臻完善。该法规定少年之法定代理人或监护

人，因忽视教养，致少年有触犯刑罚法律之行为，或有触犯刑罚法律之虞之行为，而受保护处分或刑之宣告者，少年法院得裁定其接受一定时限的亲职教育辅导。拒不接受亲职教育辅导或时数不足者，少年法院得裁定罚款；经再通知仍不接受者，得按次连续处罚，至其接受为止。其经连续处罚三次以上者，并得裁定公告其姓名。[①] 我国台湾地区“儿童及少年福利法”第65条规定，少年及儿童有吸烟、饮酒、吸毒、观看暴力色情读物及音像制品、危险驾车、出入危害身心健康的场所、从事危害身心发展的工作等行为监护人未禁止的，或监护人对少年儿童具备遗弃、身心虐待、妨害接受教育等情形者，县市主管机关得令其接受一定时限之亲职教育，并收取必要费用。拒不接受或时数不足者，可罚款，经再通知仍不接受者，得按次连续处罚至其参加为止。[②] 可见，强制性亲职教育已经成为监护人教养失职的主要法律责任形式。

（二）法理基础

有观点认为，强制监护人亲职教育违背家庭“自治”传统观念，甚至难逃“连坐”之嫌。实际上，强制性亲职教育不仅与国人“子不教，父之过”的传统观念一脉相承，亦有充分的法理基础为其提供正当依据。

1. 强制性亲职教育符合“权利—义务—责任”这一典型法律逻辑

有权利就有义务，有义务便有责任。未成年人享有接受良好家庭教育的权利，监护人有提供良好家庭教育的义务，既然教养失职监护人没有履行法定的家庭教育义务，并造成未成年人出现罪错行为，产生了危害社会的结果，就应该承担相应的法律责任。既然监护人出现了教育失职问题，就应该以亲职教育方式提高其教养能力。强制性亲职教育可谓弥补“训诫”与“剥夺监护权”之间法律责任阶梯空白，以法律处罚方式来解决教育失职问题最具针对性的法律责任形式。

2. 强制性亲职教育是对国家亲权责任的落实

国家亲权理论认为，“父母只是一家之主，而国王则是一国之君。他是他的国家和全体国民的家长。他有责任也有权力保护他的臣民，特别是

---

① 徐锦锋主编：《少年观护制度理论与实务》，台湾地区洪页文化事务有限公司2011年版，第416页。

② 参见杨洁：《台湾亲职教育经验及启示》，载《特立学刊》2012年第4期。

必须保护那些没有能力照管自己及财产的儿童。"① 《德意志联邦共和国基本法》第6条因此规定，"抚养与教育子女为父母之自然权利，亦为其至高义务，其行使应受国家监督。"② 国家亲权理论强调国家对未成年人负有不可推卸的保护责任与权力，这种基于权力而存在的保护责任具有高于家长监护的地位。国家亲权理论要求，当监护人因教养失职导致未成年人罪错时，国家不仅应该代替监护人对未成年人予以惩戒和治疗，而且有权力要求监护人接受亲职教育，以帮助未成年人解决家庭教养问题。强制性亲职教育正是落实国家亲权责任，实现国家司法保护与家庭保护一体化的有效路径。

3. 强制性亲职教育是儿童福利理念的必然要求

儿童福利理念承认儿童的社会弱势地位，强调成人社会和政府的责任。③ 作为一项专门适用于未成年人的基础性理念，儿童福利是对整个国家和社会提出的一项基本要求，要求不断改善和发展儿童福利，确保实现儿童利益最大化。联合国《少年司法最低限度标准规则》（北京规则）第1条规定，"会员国应努力按照其总的利益来促进少年及其家庭的福利。"当未成年人在家庭中应享有的良好家庭教育这一福祉遭到漠视或侵害时，国家应该予以改善。通过强制性亲职教育提高监护人教养能力，为未成年人重新创造健康的家庭成长环境，这既是儿童福利理念的一种实现方式，也是对未成年人合法权益的充分保障，体现了儿童利益最大化的要求。

4. 强制性亲职教育体现并丰富了教育刑目的论

少年司法倡导教育刑目的论，即刑罚目的是教育而非惩罚，对少年的处理不是建立在其罪行或罪行的严重程度之上，而是建立在少年犯罪者及其需要上。正如德国学者阿尔布莱希特指出的，"尽管少年也应对犯罪负责，但是最为根本的目的还是对其教育和使其康复。"④ 联合国《儿童权利公约》第40条也规定应采用多种处理办法，以确保处理儿童的方式符合其福祉并与其情况和违法行为相称。根据犯罪学的社会控制理论，个人与

---

① 康树华、郭翔主编：《青少年法学概论》，中国政法大学出版社1987年版，第268～269页。

② 载http://blog.sina.com.cn/s/blog_574b56af0102eock.html，于2014年6月16日访问。

③ 陆士桢、常晶晶：《简论儿童福利和儿童福利政策》，载《中国青年政治学院学报》2003年第1期。

④ Hans－Jorg Albrecht："*Youth Justice in Germany*"，31 The University of Chicago Crime and Justice，2004，p453.

家庭的联系可以阻止个人进行违反社会准则的越轨与犯罪行为。强制性亲职教育通过改善监护人的家教能力，修复未成年人与家庭的依恋关系，强化家庭对未成年人的引导和控制，预防未成年人重新犯罪。作为一种法律责任，强制性亲职教育通过教育和惩戒监护人来教育、感化、挽救罪错未成年人，扩展了责任承担主体和教育方式方法，兼具教育性和惩罚性，司法性和福利性。

实际上，监护人因其教养失职而承担强制性亲职教育法律责任，已成为很多国家的共识。如英国 1998 年《犯罪与扰乱社会秩序法》设立的“养育令”与强制性亲职教育异曲同工。“养育令”规定，如果父母不能保证他们的孩子正常上学，那么法庭将对 10 至 17 岁出现违法行为少年的父母或监护人作出养育令，要求父母必须参加一个为期三个月每星期一次的咨询或指导活动，由此接受与教育孩子相关的帮助。此外，法庭还可以要求父母进行最长可达一年的孩子行为控制方法的学习。当地工作人员、缓刑官员或少年违法特别工作组成员负责执行。不遵守上述规定的家长将被视为犯罪，并被处以最高 1000 英镑的罚款。[①] 1999 年至 2001 年英国约 3000 个父母依养育令接受亲职教育，对于减少孩子重新犯罪起到了很好效果。[②]

而且强制性亲职教育也不是监护人因教养失职而承担的最为严厉的法律责任形式，一些国家甚至将监护人教养失职行为认定为犯罪。比如德国就设有“违背监护或教养义务罪”。德国刑法典第 171 条规定，严重违背对未满十六岁之人所负监护和教养义务，致使受监护人身心发育受到重大损害，或致使该人进行犯罪或卖淫的，处三年以下自由刑或罚金刑[③]。俄罗斯、法国、匈牙利等均有类似罪名，瑞士甚至规定过失犯此罪的亦要科处罚金。

---

① 李玫瑾：《犯罪预防的新思路与实践——英国〈犯罪与扰乱秩序法〉述评》，载《公安大学学报》2001 年第 4 期。

② 刘桃荣：《英国青少年犯罪司法程序简介》，载《青少年犯罪问题》2007 年第 6 期。

③ 徐久生：《德国刑法典》，庄敬华译，中国方正出版社 2004 年版，第 90 页。

五、强制性亲职教育在我国法律体系中的构建

（一）强制性亲职教育对象[①]

1. 对未成年人犯罪或对未成年人受到行政处罚负有教养失职之过的监护人

监护人因教养失职导致未成年人犯罪或受到行政处罚的，应承担强制性亲职教育责任。其中“教养失职”主要表现在：（1）错误的教养态度，如只提供物质满足，忽视行为管教和亲情关爱等；（2）不当的管教方法，如溺爱无度、放任不管等；（3）不良的行为示范，如带领未成年人进入其不宜进入的场所，或与其共同吸烟、酗酒等。

2. 对未成年人不良行为、严重不良行为（包括因未达年龄不予刑事处罚或不予、不执行行政处罚的情形）有教养失职之过的监护人

我国《刑法》规定，未满十四周岁的未成年人不负刑事责任，已满十四周岁未满十六周岁的，只对八种严重故意犯罪负刑事责任。《治安管理处罚法》规定，未满十四周岁的人不予治安管理处罚，已满十四周岁未满十六周岁的人不执行行政拘留处罚。《预防未成年人犯罪法》还规定了未成年人的大量不良行为和严重不良行为。上述未成年人一般没有进入刑事司法或行政处罚视野，或者即是进入了，也往往因为年龄小而一放了之，从而形成“抓了放，放了抓”的恶性循环。这种状况，只会强化未成年人本人及家长对法律的漠视。法律应在不良行为尚未强化为其内在行为模式

---

① 笔者以为，强制性亲职教育对象还包括涉未成年人权益婚姻家庭案件当事人中为人父母者，因不是本文讨论对象，故不在主文表述。心理学研究证实，“夫妻冲突导致对孩子的照料减少，批评与攻击显著增加，而导致孩子的问题行为增加。”魏渭堂编著：《亲职教育》，台湾地区新文京开发出版股份有限公司2013年出版，第178页。司法实践中，部分离异当事人将与对方的矛盾转嫁到孩子身上，并通过抚养权纠纷等形式涌入诉讼领域。法院受理涉少家事案件后，经审查有必要的可裁定离婚父母先接受一定时限的亲职教育再审理案件，其学习记录可作为裁判抚养权归属的依据之一。这种做法在美国有较为成熟的经验。美国自20世纪70年代开始推行的“离婚前父母教育计划”，即在法院受理诉讼后，通知［美国各州对其强制性有不同规定，如特拉华州强制要求参加，南肯塔基州由当事人自由选择，有的州由法官自由裁量，详见 Solveig Erickson, Nancy Ver Steegh. Mandatory Divorce Education Classes: What Do the Parents Say? William Mitchell Law review，2001（28）.］当事人接受有关家庭重建及离婚对子女影响的学习，要求他们学会保护子女免受或者最大限度减小父母间冲突的负面影响，协助子女适应父母离婚后的生活，并增进其身心健康发展。陈思琴：离婚前父母教育计划：《美国离婚法的经验与借鉴》，载《南京航空大学学报》第2012年第6期。

时进行早期干预，而不是待犯罪人格已经形成时“养肥再打”。为此，一方面应丰富罪错未成年人的法律责任形式；另一方面也应重视其监护人的法律责任，督促其履行好家庭教育职责。目前，劳教废除后，废除收容教养的呼声与日俱增。如收容教养废除，许多“坏孩子”将因年龄小而无法管控，为避免其“无法无天”，强制性亲职教育应作为跟进制度，通过对监护人责任的规制，引导其有效履行教养义务，强化未成年人犯罪的家庭预防。

（二）诉讼程序

1. 裁判主体

强制性亲职教育责任的裁判主体应是法官[①]，依裁判对象不同可分别适用如下程序：（1）当犯罪未成年人进入刑事审判程序后，监护人亲职教育责任在刑事诉讼中由法官一并裁判。（2）被行政处罚的未成年人可由行政处罚单位依个案必要性向法院提起强制性亲职教育申请。（3）当已经进入刑事诉讼程序或行政处罚程序，但因种种原因，如情节轻微不认为是犯罪或不予以起诉、不予行政处罚，或因年龄小不负刑事责任或不予、不执行行政处罚等等，可由办案单位依个案必要性向法院提起强制性亲职教育申请。（4）当不良行为、严重不良行为的未成年人没有进入刑事诉讼或行政处罚程序时，应建立“监护人履职监督机制”[②]。即加强未成年人保护委员会在社区、村庄等基层组织的建设，接受群众举报并由专人深入社区走访家庭抚养监护情况，对于监督中发现的因教养失职导致未成年人有不良行为或严重不良行为，由其调查收集证据后向法院提起强制性亲职教育申请，并由法院作出裁判。

2. 裁判依据

未成年人罪错与监护人教养失职之间具有相关性，方能责令监护人承担强制性亲职教育责任。卷宗证据材料、社会调查报告、心理测评结果及诉讼过程中监护人的客观表现等，均可作为法官判断这一相关性并裁决其

① 在规制警察权，裁判权逐步收归法院统一行使的司法改革背景下，亲职教育的裁判权理应赋予法官，考虑到现实基础问题，推行中可采取治安案件的亲职教育先由公安一并决定，待条件成熟后统一由法院裁判的“两步走”模式。

② 姜颖：《未成年人保护法中家庭保护的立法缺陷——兼论监护人的教育、监督和惩戒》，载《中国青年研究》2010年第5期。

需接受亲职教育具体时限的考量依据。应强调的是，社会调查报告应详细记录未成年人的家庭状况、父母教养方式、亲子关系、教养态度等，心理测评应注重未成年人越轨心理与家庭教育相关性的考评。

3. 裁判原则

强制性亲职教育是一种惩罚性法律后果，为兼顾人权保障及公权力运行规范，在裁决时应兼顾以下原则：一是比例原则，即执行时应符合适当性和必要性，对于不配合的父母采取强制措施时以轻微手段为优先，并注意与个案危害后果对等。二是法律内容明确性原则，即法律应对亲职教育的内容有明确规定。三是个别化处遇原则，应拟定个别的处遇计划，以满足不同少年家庭的需求。[①]

4. 执行责任

可借鉴台湾地区亲职教育制度，采取连续罚款、要求其自行承担亲职教育费用甚至短期拘留等措施保障强制性亲职教育的实施。至于公告姓名方式，鉴于涉及未成年犯信息限制公开及前科封存问题，暂不宜考虑。

（三）执行保障

在社会分工越发专业和细化的当今时代，亲职教育的执行机构不能仅依赖于法院或司法机关，可通过制定《家庭教育法》，充分利用教育行政部门和各类学校的资源，建立从中小学家长学校到高等教育学校家庭教育

---

① 参见陈慈幸、蔡孟凌编著：《少年事件处理法学理与实务》，台湾地区元照出版公司2013年版，第257页。

课程的亲职教育辅导体系，为强制性亲职教育责任的执行提供保障支持体系。[①] 我国台湾地区2011年正式颁布“家庭教育法”，将家长教育纳入成人教育序列，在学校教育中系统规划家庭教育课程，安排青年学子修习“职前”的家庭教育科目，并规定了详细的惩戒措施，每一款规定都有相应的机构具体落实，可操作性非常强，值得学习。

鉴于我国各地发展水平不一的现状，在教育行政部门统一管理下，可以工读学校等各类学校的家长学校为主，街道社区家长学校和社会化培训学校为辅，建立多层次、多样化执行主体，并融入以政府购买服务方式执行，从而解决法院亲职教育专业能力不足以及异地执行难题。亲职教育机构还应提供教育内容和教育计划安排，供监护人选择合适的时间和地点参加，避免监护人因客观原因不能完成辅导。

结　语

少年司法比较成人司法的进步在于关注罪错少年及其犯罪原因而非仅惩罚其行为。强制性亲职教育以教养失职监护人强制性法律责任的形式，又将预防未成年人犯罪的关注点从罪错少年扩展到其周围的监护人，可谓少年司法的又一进步。它从规范监护人的教养行为入手，引导其正确履行职责，学会发现和控制未成年人不良行为，对预防未成年人犯罪必将起到正本清源之效。

---

① 监护人教养失职反映出很多家长并不懂得科学教子的知识和方法。那么家长怎么样获得“如何为人父母”的教育方法？答案只有一个：接受教育。在我国，绝大多数人对于“如何为人父母”都是接受前辈的一些经验传授或自己从小从父母身上体验而得，有好的经验就学习到好的，如果是不好的经验也便学习到不好的。这种学习比较原始，可以说是继承而来。当然，也有很多有心的家长，也有通过书本上获得的，特别是随着网络的发展，从网络上查找和学习，这也是一种主动接受教育。但这种教育也是非普及性、非系统性的，而且内容往往非常粗浅，难得精要。正确的家庭教育方法，需要了解儿童身心发展规律，而且要掌握针对不同身心发展期儿童的不同教养技能，这些知识和技能的习得，需要获得系统性的教育，有些还是终生性的。实际上，政府也早就关注到了家庭教育的重要性，也通过立法对此予以了强调。如《未成年人保护法》第十二条规定“父母或者其他监护人应当学习家庭教育知识，正确履行监护职责，抚养教育未成年人。”“有关国家机关和社会组织应当为未成年人的父母或者其他监护人提供家庭教育指导。”但法律只是概括性地规定了义务，父母或者其他监护人到底如何系统地习得家庭教育知识，国家机关、社会组织、学校、教师到底如何去组织提供家庭教育指导，法律没有明确。也就是说，家长们没有得到有法律保障的可以系统、全面地习得家庭教育知识的职位。对此，国家应该加以解决，不能让老百姓继续“无师自通”或“自学成材”。因此，《家庭教育法》应进一步确定家庭教育在国民教育体系中的地位，尤其是亲职教育的地位，提高父母、社会、政府对家庭教育重要性的认识，为家长和未来家长们提供接受亲职教育的途径。

【理论研究】

反思与重构：未成年人刑事案件圆桌审判方式的适用及其标准化研究

管元梓*

【内容摘要】

未成年人刑事案件圆桌审判方式在我国已运行二十余年，并已成为未成年人刑事案件法庭审理的基本审判方式。但是由于立法的缺失，制度性规定的匮乏，导致各地法院司法实践差距过大，无论是法庭设置还是适用范围，都未在全国形成较为一致的做法，亦无相关配套机制。通过对当前司法实践的深入研究，重新整理圆桌审判方式法庭布局中的争议，形成圆桌法庭的建设标准；基于对现有制度性规范的分析研究，构建有关适用范围的统一规定。

【主要创新观点】

1. 实地走访各地多个法院的圆桌法庭并拍摄图片、与法官进行访谈，通过对比分析，找出司法实践中的存在的突出问题

2. 对圆桌审判方式的法庭设置和具体适用进行标准化研究

3. 制作了《关于未成年人刑事案件圆桌审判方式的若干规定》建议稿的部分条款

与成年人相比，未成年人具有其特殊性，所以，在司法实践中，我国审判部门一直在探索符合未成年人身心特点的审判方式，1992 年北京市海

* 北京市第二中级人民法院民五庭审判员。

淀区法院（以下简称海淀法院）首次采用圆桌审判的方式①，对未成年人刑事案件进行审理。随后二十余年的时间，圆桌审判方式在各地法院陆续实行，并已成为我国未成年人刑事案件法庭审理的基本审判方式。诚然，圆桌审判方式是法院经过多年探索实践日臻成熟的少年司法审判特色机制，已成为法院少年司法活动的重要载体。②但是，值得注意的是，圆桌审判方式虽运行多年，却并未被法律所规定，亦未在全国形成较为一致的认识，各地法院在受案范围、法庭布局等方面各有不同，尤其随着少年审判收案量下降及其变革，圆桌审判方式的存废及其运行中暴露出的问题也颇受关注，值得深入探讨。

一、反思：圆桌审判方式的内涵及其在司法实践中存在的问题

（一）圆桌审判方式的内涵

圆桌审判方式是指采取灵活性与严肃性相结合的原则，改普通法台式审理为圆桌式审理，灵活运用与未成年人生理、心理特点相适应的方式进行审判的一种庭审方式。其通过法庭布局、庭审用语、整体庭审氛围的变化，给未成年被告人营造一个较为温和的审判气氛，帮助他们缓和参与庭审的紧张情绪，避免严肃的刑事审判氛围对他们的不良影响，从而促使他们认识自己所犯之罪行，真诚的认罪、悔罪，达到教育、感化、挽救未成年人的目的。

关于圆桌审判方式的渊源，较为主流的观点是澳大利亚新南威尔士州对土著人犯罪试行的圆桌法庭审判（被列为圆桌审判的犯罪人是有条件的，一般是地方法庭能够处理的轻罪，任何由检控方提起公诉的犯罪不参加圆桌审判。只有犯罪人已经认罪，法官与被告人、受害人已达成基本共识，才可以启动圆桌法庭审判）③。由于圆桌审判方式拥有着诸多优点，所以该审判方式已被世界数十个国家广泛适用。④

---

①② 参见刘子阳：《少年司法发展32年步入规范化制度化轨道并非所有涉少案均宜圆桌审判》，载《法制日报》2016年6月2日。

③ 持此观点的学者有.（1）邹碧华主编：《少年法庭的创设与探索》，法律出版社2009年版，第163页。（2）阮雪芹、资晓露：《试论“圆桌审判”对检察机关办理未成年人刑事案件的影响》，载《预防青少年犯罪研究》2015年第5期。

④ 参见邹碧华主编：《少年法庭的创设与探索》，法律出版社2009年版，第164页。

圆桌审判方式能够成为当前少年司法活动的重要载体有赖于其有着理念基础，尊重未成年人特殊性，符合“教育、感化、挽救”方针和“教育为主、惩罚为辅”原则，亦符合恢复性司法理念。此外，在国际司法准则中，虽没有直接规定，但其精神亦被司法准则所采纳，例如《北京规则》第14.2条[①]强调了诉讼程序应当按照最有利于未成年人的方式进行，并指出谅解气氛的重要性，圆桌审判即符合该精神。

与普通刑事审判方式相比，从法庭布局、庭审氛围到程序设计，圆桌审判方式都有着自己的特点。第一，温馨的法庭布局，法庭的各个席位之间不再分别而立，而是通过某种形式连接起来；法官席位一般不高于其他席位；法庭所用的桌子一般是弧形的。第二，温和的庭审氛围，法庭的整体颜色一般采用暖色系，以温馨的装饰为主；庭审运用的语言符合未成年人特点，整体较为温和；庭审过程的对抗色彩偏弱，并体现出亲情化特点；庭审过程中未成年人一般身着便服，并不对其使用戒具。第三，多元主体的参与，参与庭审的人民陪审员一般具有未成年人专业知识，并经过必要的培训；未成年人的法定代理人或合适成年人参与到庭审之中；部分案件中社会调查员或心理专家亦会参与到庭审之中。第四，相辅相成的法庭教育。

（二）圆桌审判方式在司法实践中存在的问题

1. 立法的缺失，制度性规定亦相对匮乏

我国法律并未对圆桌审判方式进行规定，相关司法解释亦未涉及，导致司法实践的适用标准不一。有部分学者认为圆桌审判方式有违现行法律的规定，指出：“目前运用的圆桌审判，突破了现行法律的固有规定，属于一种变法、造法行为，与法律规定相抵触。”[②] 事实上，关于人民法庭的设置标准、席位的摆放等，我国已有明确规定，当前圆桌法庭的设置明显与其相悖。此外，部分法院为规范管理出台了相关规定，如河北省石家庄市长安区法院最早在国内颁布并实施《“圆桌式审判方式”实施办法》[③]，

---

① 《联合国少年司法最低限度标准规则（北京规则）》，载 http://www.un.org/chinese/children/issue/beijing.shtml，访问日期：2018年5月9日。

② 祝国勤、姚宏科：《“圆桌审判”的另一面》，载《人民检察》2004年第12期。

③ 范登峰、易慧琳：《从形式走向实质：未成年人刑事案件圆桌审判方式的完善路径探讨》，载《建设公平正义社会与刑事法律适用问题研究——全国法院第24届学术讨论会获奖论文集（上册）》，第755页。

上海高院于2015年出台了《关于未成年人案件“圆桌审判”的若干规定（试行）》。但是有关圆桌审判方式的具体设置和适用仍未出现较为统一的认识。

2. 法庭建设标准极不统一

多年的司法实践并未促使圆桌审判方式形成较为一致的法庭建设标准，各地法院各自为政，且缺乏标准化研究。例如，在审判台的形状上，就分为椭圆形、U型、圆形、环形等形态；各个诉讼席位的摆放亦不一致。

3. 适用范围不明

在没有明确规定的情况下，部分法院对于圆桌审判方式的适用一般局限于内部认识或者一直以来的习惯性做法，这就导致该审判方式适用的随意性较大。在一些案件中，圆桌审判方式的适用可能完全取决于审判人员的个人意志，或者审判资源的配置①。事实上，大部分法院并未区分案件情况对其予以适用。

4. 配套制度的缺位

圆桌审判方式并不是一个孤立的审判方式，其需要各个配套制度的配合，才能发挥更大的作用。但是在配套制度缺位的情况下，容易导致圆桌审判流于形式，难以发挥应有的作用。例如，多方主体的参与往往依靠审判人员的内心判断，难保圆桌审判的庭审效果；再如，在未成年人与成年人共同犯罪的案件中，未能实现分案审理，造成未成年被告人与成年被告人一起适用圆桌法庭或普通刑事法庭；又如，审判人员在庭审过程中如果发现不宜继续适用该方式进行审理，则应有相应的机制将案件转到普通法庭进行审理。

5. 理论研究的不足

圆桌审判方式在我国运行多年，却未引起学者的足够重视，翻看有关圆桌审判方式的理论文章，可以发现，绝大部分文章均为法院从事未成年人司法工作的人员所撰写，所涉内容均基于其所在法院的司法实践，很少有学者对圆桌审判的基础理论进行深入研究的。也有部分学者提出圆桌审

① 比如，开庭时如果圆桌法庭空闲就适用“圆桌审判”方式，如没有则运用普通法庭进行审理。

判方式存在的各方面的问题，例如，削弱了刑罚色彩①、漠视了被害人权益②、难保法院中立地位③等，但是很少有文章对其进行深入探讨，从而形成了“圆桌法庭形制发展与理念提升不对称”④ 的局面。

鉴于实践中适用的圆桌审判方式存在上述不足，因此，应对当前圆桌审判方式的司法实践进行总结、分析，尤其是对于法庭布局、适用范围等问题，有必要进行深入探讨，从而在全国范围内形成较一致的圆桌审判方式的具体规则，并进行一段时间的试行，再逐步通过法律法规的形式予以明确规定。

二、重理：圆桌审判方式的法庭设置及其完善

鉴于圆桌审判方式不同于普通刑事审判的基本表现即为法庭设置的差异，故有必要对其法庭的具体设置进行深入分析。

（一）圆桌审判方式法庭布局的争议

司法实践中，圆桌审判方式所运用的法庭一般被称为圆桌法庭，具体布局主要分为三类：U 型法庭（以海淀法院、北京市第二中级法院为代表）、椭圆形法庭（或书桌形法庭、回形法庭，以上海市的法院为代表）、圆形法庭（或环形法庭，以江苏省苏州市中级法院、山东省青岛市中级人民、山西省大同市中级法院为代表）。

U 型法庭是以 U 字形状为基础进行法庭布局，法台和各个席位组合在一起组成一个 U 字。而各法院在适用时主要有以下差异，其一，U 型的摆放位置不同，例如海淀法院和北京市第二中级法院均运用 U 型法庭的布局，但是在摆放时，一个呈正 U 字形状，一个呈倒 U 字形状，二者之对比如下图（见图 1、图 2）；其二，U 型之间是否有间隔不同，例如海淀法院的被告人与其他席位之间有间隔，而山西省太原市中级法院的设置则将被告人席位与其他席位连接在一起（见图 3）。

---

① 阮雪芹、资晓露：《试论“圆桌审判”对检察机关办理未成年人刑事案件的影响》，载《预防青少年犯罪研究》2015 年第 5 期。

② 祝国勤、姚宏科：《“圆桌审判”的另一面》，载《人民检察》2004 年第 12 期。

③ 王长水、郑红：《未成年犯罪案件的圆桌审判探析》，载《公民与法》2012 年第 7 期。

④ 刘子阳：《少年司法发展 32 年步入规范化制度化轨道并非所有涉少案均宜圆桌审判》，载《法制日报》2016 年 6 月 2 日。

图1　海淀法院少年法庭示意图①

图2　北京市第二中级法院少年法庭示意图

椭圆形法庭是指整个法庭的布局以椭圆形为主，一般而言，法庭会运用一个整体的椭圆形桌，将各诉讼参与人的席位连接在一起。采取这种法庭布局的法院主要是上海市的法院（见图4、图5）。此外，还有书桌形法庭和回形法庭（见图6），这两种法庭与椭圆形法庭类似，即运用书桌或回形桌。该类型法庭的特点是，法庭运用一个整体的桌子作为基础，设置审

① 图片来源于北京市海淀区法院官方网站，作者：李森。张莹：《海淀法院审结一起"校园暴力"的刑事案件》载 http://bjhdfy.chinacourt.org/public/detail.php?id=4430，访问日期：2018年4月11日。

图3　山西省太原市法院少年法庭示意图

判人员、公诉人、辩护人、被告人及其法定代理人等席位，各席位之间不仅没有高低之分，还有机地连接到一起，被告人一般位于审判人员的正对面；同时，运用弧形的边角设置，缓和未成年人的紧张心理。

图4　上海市长宁区法院少年法庭示意图①

① 图片来源于上海市高级法院官方网站。王夏迎：《长宁：少年审判教育为主惩罚为辅》，载 http：//www. hshfy. sh. cn/shfy/gweb2017/xxnr. jsp？ pa = aaWQ9MTg1ODY5JnhoPTEmbG1kbT1sbTU4MgPdcssPdcssz，访问日期：2018 年 4 月 11 日。

图5　上海市闵行区法院少年法庭示意图①

图6　江苏省扬州市广陵区法院少年法庭示意图②

圆形法庭系指在未成年人刑事案件法庭审理过程中摆放圆形的审判台，审判人员、公诉人、辩护人、被告人及其法定代理人等均同处一桌进行庭审过程的模式。在司法实践中，圆形法庭主要分为实心圆和空心圆（环形）两种，采用前者的法院有海南省海口市秀英区法院等（见图7），

① 图片来源于东方网。王洁敏：《上海：体现人文关怀 少年法庭启动“圆桌审判”方式》，载 http://news. eastday. com/eastday/news/xwzxzt/ojoja/node5309/userobject1ai1688143. html，访问日期：2018年4月11日。

② 图片来源于扬州网。兆明、沈燕：《全国首例“回形审判”现扬州》，载 http://www. yznews. com. cn/news/2012-10/29/content_4113934. htm，访问日期：2018年4月11日。

采用后者的法院有山西省大同市中级法院等（见图8）。就采用空心圆的法庭而言，一般在侧面预留一个缺口，桌子的内部中空，方便在庭前庭后书记员进入其中，为诉讼参与人传递材料、笔录等。

图7　海南省海口市秀英区法院少年法庭示意图①

图8　山西省大同市中级法院少年法庭示意图

从上述图片对比及圆桌法庭的具体适用可以看出，当前圆桌法庭的设置存在如下两方面比较突出的问题：

① 图片来源于中国经济网，作者黄叶华。陈发卿、黄叶华：《海口市少年法庭揭牌成立》，载 http://district.ce.cn/zg/201012/01/t20101201_22012947.shtml，访问日期：2018年4月11日。

其一，圆桌法庭适用的形式大于实质，绝大部分圆桌法庭未改变未成年被告人席位及位置，仅仅改变了审判台的形状和装修风格，未成年被告人仍然与审判人员相对而立，与普通法庭席位及位置并没有什么不同。例如，在U型法庭中被告人位置与审判人员相距最远，席位也与其他席位相分离，造成疏离感。圆桌审判方式追求的目的是通过法庭布局和装饰装潢的不同及各席位之间的变化，减轻未成年人的心理压力，给其营造一个较为和缓的审判氛围。但是仅仅改变审判台的形状、墙壁颜色等，是否就能达到这样的效果是值得探讨的。尤其，有的法院直接拿长书桌作为圆桌法庭的审判台，还有法院运用圆形餐桌作为审判台，然后再按照普通刑事法庭的席位进行具体摆放，有形式大于实质之嫌。

其二，圆桌法庭之席位摆放未考虑未成年人案件特点。事实上，多元主体的参与应在具体设置中有所体现，但有的法院并未实际设置上诸如法定代理人等席位；有的虽然注意到了多元主体的问题却未注意其与被告人席位之间的关系，如未成年被告人的席位与法定代理人或合适成年人的席位相距过远，却与被害人席位摆放过近。

（二）完善圆桌审判方式法庭设置的设想

1. 圆桌审判方式采用的审判台宜以正圆形为主

从上述图片分析可知，无论是U型还是椭圆形法庭均非完全对称的图形。在U型法庭中，审判人员席位与被告人席位的距离是最远的，在部分布局中，被告人席位与其他席位分离；在椭圆形法庭中，尤其是采取竖型椭圆形状的法庭中（如上海市闵行区法院），未成年被告人的席位与审判人员的席位较远，与公诉人、辩护人的席位之间亦有较大距离。这两种法庭的具体布局，除了审判台的形状较为圆润之外，与普通刑事法庭的设置差别并不大。对比U型法庭、椭圆形法庭、正圆形法庭三种布局，可以发现，正圆形法庭的各个席位不相分离，可以避免不完全对称图形给未成年被告人带来的疏离感。因此，笔者建议，在采用圆桌审判方式时，审判台宜以正圆形为主，装饰装潢所运用的颜色以暖色系为主，最好制作为以空心圆，因为实心圆的内部无法进入，而空心圆的中间审判人员、书记员、法警等可以进入，从而为传递庭审资料、签阅笔录等提供便利，故空心圆的设计更为实用。

2. 未成年被告人不宜与审判人员相向而坐

在当前的司法实践中，无论哪种法庭布局，被告人席位均位于审判人员对面，单独成席，而公诉人与辩护人分别立于其两侧，形成庭审对抗的局面。这种设置与普通刑事法庭的设置在席位摆放上并无较大区别，容易给未成年被告人造成心理压力。因此，不应将被告人的位安排在审判席对面，而应置在审判席左侧，与辩护人相邻，公诉人与辩护人不再分立于被告人两侧，减少对抗性，并降低被告人作为被审判对象的感受，从而和缓庭审气氛，减少被告人心理压力。

3. 其他席位的设置应考虑未成年人刑事案件特点

除了审判席和被告人席之外，其他席位主要包括：书记员席、公诉人席、刑事附带民事诉讼原告人（被害人）席、辩护人席、法定代理人（合适成年人）席、社会调查员席、证人席等。这些席位的设置应当考虑未成年人刑事案件特点，降低未成年人心理压力的同时，减少庭审可能出现的矛盾冲突。可主要参考以下几方面的内容。

第一，各个席位之间没有高低之分。所有人员均同坐一桌，审判席不需像普通刑事法庭那样高于其他席位。

第二，刑事附带民事诉讼原告人（被害人）席不与被告人席相邻。一方面可减少刑事附带民事诉讼原告人（被害人）的心理冲击，另一方面可避免双方针锋相对的局面，在部分案例中，由于各席位距离不远，曾出现发生冲突的局面。

第三，法定代理人（合适成年人）席宜与被告人相邻。法定代理人或合适成年人出庭，可代被告人行使诉讼权利，被告人对其存有依赖，二者相邻，有利于庭审的顺利推进。

第四，社会调查员等专业人员应设置专门席位。如社会调查员、社区矫正人员等需要出庭，其位置可安排在法定代理人（合适成年人）席左侧。

三、构建：圆桌审判方式适用范围的标准化

当前，圆桌审判方式广泛运用于未成年人刑事案件的法庭审理程序之中，但却无具体适用标准，故有必要对圆桌审判方式的适用范围进行探讨。

（一）有关圆桌审判方式适用范围的争议

各地法院实行圆桌审判方式的适用范围不甚相同，主要分为以下两种情况。其一，全部未成年人刑事案件均予以适用；其二，区分未成年人刑事案件的情况予以适用，具体体现为以下两种形式。第一，仅规定圆桌审判方式的适用条件，如石家庄市长安区法院《关于“圆桌式审判方式”的实施办法（试行）》[①] 主张圆桌审判方式适用的案件范围是：“1. 适用简易程序的案件，2. 16周岁以下未成年人犯罪的案件；3. 犯罪情节轻微，事实清楚，证据充分，被告人对指控的犯罪行为已有供述的案件；4. 犯罪性质较为严重，但被告人属初犯或偶犯，平时表现较好，主观恶性不深的案件。”[②] 第二，同时规定圆桌审判方式的适用条件和排除条件，如上海市高级法院《关于未成年人案件“圆桌审判”的若干规定（试行）》分别规定了一审法院、二审法院可以采用和不能采用圆桌审判方式的具体情形。河南省睢县法院亦采用类似做法。

圆桌审判方式的具体适用范围存在着较大争议，这些争议主要集中在以下几个方面：第一，圆桌审判方式是否仅应适用于简易程序案件；第二，圆桌审判方式是否仅应适用于未成年人被告人作有罪供述的案件；第三，圆桌审判方式是否仅应适用于未成年被告人所犯罪行较轻的案件，这类案件的判断标准是“可能判处3年以下刑罚”还是“可能判处5年以下刑罚”；第四，圆桌审判方式是否不应适用于共同犯罪的案件，这类共同犯罪的案件该如何界定；第五，圆桌审判方式的适用对象是否应限于16周岁以下的未成年被告人；第六，圆桌审判方式是否不应适用于特定罪名的案件。

（二）构建圆桌审判方式适用范围的设想

为减少圆桌审判方式适用的随意性，宜同时规定该方式的适用条件和排除条件。

---

① 参见宋英辉、甄贞主编：《未成年人犯罪诉讼程序研究》，北京师范大学出版社2011年版，第209页。

② 郭连申、裴维奇、郭炜：《圆桌审判：少年刑事审判方式改革的探索与思考》，载《人民司法》1998年第11期。

1. 适用条件

（1）14 至 18 周岁的未成年被告人。圆桌审判方式之适用对象首先只能是未成年被告人，受刑事责任年龄的限制，该未成年人应该年满 14 周岁，不满 18 周岁，且该年龄的判定应以“犯罪时”为时间节点，不以“审判时”为标准。有的法院规定圆桌审判方式应限于 16 周岁以下的被告人，该观点值得商榷。根据我国《刑法》第 17 条的规定，14 至 16 周岁的未成年人仅对八类重罪承担刑事责任，结合圆桌审判方式限于犯罪行较为轻微等其他适用条件，可能造成实际适用圆桌审判方式的案件数量并不多；16 至 18 周岁的被告人亦属未成年人，不应将其排除在外，根据具体案情可适用圆桌审判方式。因此，被告人为 14 至 18 周岁的刑事案件均可适用圆桌审判方式进行审理。

（2）未成年被告人所犯之罪行较轻。圆桌审判方式应适用于所犯之罪行较轻的未成年被告人，但对所犯罪行较轻并无具体判断标准。

对于被告人可能判处刑罚的时间节点的问题，笔者认为，适用于可能判处 5 年（含 5 年）以下有期徒刑、拘役、管制或单处罚金的未成年人较为适宜。选择 5 年为节点而非 3 年的理由是圆桌审判方式的目的是在法庭审理过程中减轻未成年被告人的心理压力，通过营造和缓的庭审氛围，促进审判人员与未成年被告人的感情沟通和交流，而当前刑事案件的案情千差万别，要想判定未成年人所犯之罪行是否较轻，需依据具体案件综合确定，所以，从保护未成年人的角度而言，不宜把刑期规定的过于严格，将其放宽到 5 年，更有利于圆桌审判方式的适用，从而达到教育、感化、挽救未成年被告人的目的。

对于圆桌审判方式是否仅应适用于简易程序案件或未成年人被告人作有罪供述案件的问题，笔者认为，简易程序的案件由于案件事实清楚、证据确实充分，对这类案件适用圆桌审判方式可以较好地达到其目的，然而并不是说只有简易程序的案件才可以适用圆桌审判方式，对于不适用简易程序但是可能判处 5 年（含 5 年）以下刑罚的未成年人刑事案件依然可以适用圆桌审判方式。同时，根据我国《刑事诉讼法》第二百零八条的规定可知，适用简易程序的案件其中要求被告人承认自己所犯罪行，对指控的犯罪事实没有异议，所以，未成年人作有罪供述的案件与简易程序的案件范围存在一定程度的重合。此外，部分司法实务部门和学者认为，未成年被告人认罪是适用圆桌审判方式的前提，不认罪即证明认罪态度不好，而不应适用圆桌审判方式。笔者对此持不同意见。事实上，对未成年人刑事案件适用圆桌审判方式系基于其身心特殊性，这并不因是否认罪而改变，上述观点有基于有罪推定的观念而做出判断之嫌。诚然，“未经法院依法判决，对任何人都不得确定有罪。”对于未成年被告人亦如此，如果其所犯罪行较轻，无论其是否认罪或者做出有罪供述，均可适用于圆桌审判方式，这才符合该制度设立的初衷。

对于二审案件适用圆桌审判方式的问题，当前司法实践中较为通行的做法是适当的，即以下三类二审案件可以适用圆桌审判方式：第一，一审法院采用圆桌审判方式的未成年人刑事案件；第二，一审法院未采用圆桌审判方式，但对一审被告人判处有期徒刑五年（含五年）以下刑罚的案件；第三，一审当事人仅就附带民事诉讼部分提出上诉的案件。

2. 排除条件

第一，累犯和犯罪集团的首要分子应予排除。犯罪人在短时间内重新犯罪或者是犯罪集团的首要分子，反映出其主观恶性深、人身危险性大、社会危害性强。这两类犯罪人一般对自己的犯罪行为没有正确的认识，较难教育、感化，圆桌审判方式应首先排除这两类犯罪人。

第二，案件当事人情绪激动，可能引起矛盾激化的案件应予排除。如若运用圆桌审判方式，被告人、被害人等共处一桌，距离较近，如任何一方情绪激动，都难以使庭审继续进行，所以，对于当事人情绪激动，可能引起矛盾激化的案件应当予以排除。此外，值得注意的是，如果已经采用圆桌审判方式进行审理，在审理过程中出现有案件当事人情绪激动的案件，应当及时休庭，并根据案件情况，决定是否转入普通刑事法庭进行审理。

3. 其他情形

（1）共同犯罪案件。在司法实践中，一些法院规定，共同犯罪中有成年和未成年被告人，总人数超过三人的均不适用圆桌审判方式。笔者对此并不赞同。因为在共同犯罪案件中，每个犯罪人的地位、作用等均不一致，如果将共同犯罪案件中被告人超过三人的案件一律加以排除，显然是不合理的。事实上，近年来，未成年人犯罪团伙化趋势明显，共同犯罪案件数量在所有未成年人刑事案件中一直处于较高的比例，如果将这些共同犯罪的未成年人均排除圆桌审判方式之外，那么许多符合适用条件的案件可能均会因此被排除，该制度教育、感化、挽救未成年人的目的亦难达成。

其实，反对这类共同犯罪案件适用圆桌审判方式的原因无外乎两个，第一，在共同犯罪案件中，犯罪人之间往往存在意思联络，比具有类似情形的个人犯罪有着更强的主观恶性。第二，共同犯罪案件中如果对其中一人适用圆桌审判方式，对其他被告人在程序上不好操作，因为共同犯罪行为在审判时是一个案件，无法单独对一人实行圆桌审判方式。笔者认为，这两个问题或是可解释或是可通过制度设计克服的。对于第一个问题，不应一概而论，不能说共同犯罪的主观恶性就大，一个人的主观恶性应根据其在共同犯罪中所起的作用而定，在成年人和未成年人共同犯罪的案件中，未成年人往往起辅助或次要作用，比如从犯、胁从犯，未成年人的主观恶性可能并不深，可以依据其具体的犯罪情况来决定是。对于第二个问题，可以通过分案起诉、分案审理解决，对于共同犯罪案件，检察院在起诉时应分案起诉，法院进行分案审理，那么对未成年人适用圆桌审判方式就不会影响成年被告人案件的审理，此外，即使未做到分案起诉、分案审理，但是对于未成年人与成年人共同犯罪的案件，依然可以通过分庭审理来解决该问题。综上，共同犯罪中有成年和未成年被告人超过三人的案件不应作为圆桌审判方式的排除条件。

（2）特定罪名的案件。有学者指出，未成年被告人犯故意杀人、故意伤害致人重伤或死亡、绑架、强奸等严重暴力性犯罪的案件应排除在圆桌审判方式之外，一些法院亦作出类似规定。笔者对该观点亦不赞同，每个案件的具体情节均不同，在一些严重暴力性犯罪的案件中，也不乏所犯罪行较轻的未成年被告人，这在共同犯罪案件中尤为显见，如果以特定的罪名来限制圆桌审判方式的适用，可能会违反该制度设立的初衷。

附件：

《关于未成年人刑事案件圆桌审判的若干规定》建议稿

第 X 条 圆桌审判方式是指人民法院在审理未成年人刑事案件的法庭使用圆型审判台，并运用与未成年人生理、心理特点相适应的方式进行开庭审判的一种庭审模式。

第 X +1 条 圆桌审判方式所使用的审判台一般为圆型（空心），装饰、装潢以暖色系为主。

审判台应分别设置，审判人员、公诉人、未成年被告人、刑事附带民事诉讼原告人（被害人）、法定代理人及其他诉讼参与人席位，各个席位共处一桌。

审判席居中设置，上方悬挂国徽；审判席右侧依次是：书记员席、公诉人席、刑事附带民事诉讼原告人（被害人）席、证人席；审判席左侧依次是：辩护人席、未成年被告人席、法定代理人（合适成年人）席、社会调查员席、社区矫正人员席。

第X+2条 未成年人刑事案件具有下列情形之一的，人民法院可以适用圆桌审判方式：

（一）可能判处5年（含5年）以下有期徒刑、拘役、管制或者单处罚金的一审案件；

（二）适用简易程序的一审案件；

（三）一审法院采用圆桌审判方式的二审案件；

（四）一审法院未采用圆桌审判方式，但对一审被告人判处有期徒刑五年（含五年）以下刑罚的二审案件；

（五）一审当事人仅就附带民事诉讼部分提出上诉的二审案件；

（六）由人民法院决定适用的其他案件。

第X+3条 未成年人刑事案件具有下列情形之一的，人民法院一般不宜适用圆桌审判方式：

（一）未成年被告人系累犯或犯罪集团首要分子的一审、二审案件；

（二）案件当事人情绪激动，可能引起矛盾激化的一审、二审案件；

（三）其他不适宜适用圆桌审判的案件。

第X+4条 在未成年人刑事案件庭审进行过程中，出现不宜适用圆桌审判的情形，应及时休庭，并由人民法院决定是否转入普通刑事法庭进行审理。

中国失踪儿童的特征分析*

——兼论建立儿童失踪的风险标准

周俊山** 陈小燕***

【内容摘要】 在人口失踪案中，儿童因为更易被拐而更受重视，但缺乏对失踪儿童风险的评估，儿童失踪信息发布标准不合理。依据“宝贝回家”网失踪儿童登记数据，采用定量研究方法分析发现，失踪儿童年龄0~7岁，集中于3~5岁，主要是男孩，随着年龄增长，女孩增多，失踪时间9~19时最高，独自外出途中居多，失踪地点主要集中在公共场所，多是农村流动儿童和留守儿童，中低阶层家庭的占大多数，在流动人口较多的城市以及买孩子聚集地，失踪风险较高。基于这些结论，建立了一个儿童失踪风险标准，以便更好地查找失踪儿童。

【关键词】 失踪儿童；风险；标准

一、前言

人口“失踪”，是一种令人十分担忧和恐惧的社会现象，给家庭带来的压力和痛苦程度可能不小于命案，对社会稳定造成了极大影响。在尊重生命、保障人权、建设平安中国的背景下，研究人口失踪具有重要的现实意义。在人口失踪案中，儿童失踪特别受到重视，因为失踪儿童很容易被拐卖；儿童尤其是年龄很小的儿童，一旦在人流量比较大的地方走失，如

---

* 本文是国家社科基金项目“弱势群体权利保障中的打击拐卖妇女儿童行动研究（12CSH098）”部分成果。

** 博士，中国人民公安大学犯罪学学院副教授。

*** 中国人民公安大学犯罪学硕士研究生。

果不是公安机关动员找寻，仅依靠家人的力量很难找回；如果走失儿童被其他人带回家抚养，后果与被拐卖一样。

针对儿童失踪的特殊性，各国在查找失踪儿童方面都进行了各方面的努力。其中最为著名的就是美国的安珀警戒和亚当警报。“亚当警报”是用来预防拐卖和绑架儿童的报警项目，因一名失踪的美国儿童亚当·沃尔什得名。1984年，“全国失踪和受剥削儿童保护中心”成立，打开了解决失踪儿童问题的关键之门，全美50个州的失踪儿童信息都可以在全国范围内联网查询。“亚当警报”失踪儿童警报系统于1994年在沃尔玛超市启用。至今已有大批百货公司、零售店铺、购物中心、超市、游乐园、医院、博物馆加入。当有访客报告孩子失踪后，店方必须立即获取对孩子的详细描述信息，进行海报张贴或广播，同时将建筑物所有出口封闭并实施监控。如果10分钟内不能找到孩子，必须立即通知执法部门。所以“亚当警报”的作用其实更在于扩大和提升了美国关于失踪儿童案件的处理机制的范围与速度。

但因为发布渠道受限，20世纪90年代美国失踪儿童的寻回比例只有60%左右，而后来的安珀一案“惊醒了美国”，建立了安珀警戒。安珀警戒（AMBER Alert）是最有名的失踪预警机制，是“美国失踪人口：广播紧急回应（Americ's Missing：Broadcasting Emergency Response）”的缩写。这一系统的运作流程，即是使用美国警报系统（EAS），通过各种公众知晓途径包括电视台、广播电台、电子邮件、短信告知等大众传媒，将警方认为可能遭诱拐、杀害、绑架的未成年失踪人的信息予以告知，从而尽可能调动社会力量参与对失踪案件的调查处理，使搜寻的范围与力度大大加强；一旦失踪儿童有了下落，安珀警报也会第一时间发布解除通知①。该警戒至今广泛用于美国50个州，覆盖全球18个国家。近年来也与谷歌、脸谱网络公司，还有手机运营商达成合作。一条标准的安珀警戒通知，一般包括嫌疑人及失踪儿童的体貌特征，汽车型号与车牌号，执法部门联系电话等三大要素②。安珀警戒建立后，美国的失踪儿童找回率从62%上升到95%以上。

---

① Miller, M. K. & S. S, , *Clinkinbeard*, *Improving the AMBER Alert System: Psychology Research and Policy Recommendations.* Law Psychology Review, 2006, 30.

② Griffin, T. , *An Empirical Examination of AMBER Alert "Successes"*. Journal of Criminal Justice, 2010, 38 (5).

近年来，我国的官方机构和民间组织在利用互联网技术基础上，推出了公安部儿童失踪信息紧急发布平台。为适应拐卖犯罪互联网化的趋势，在阿里巴巴公司的技术支持下，公安部儿童失踪信息紧急发布平台在2016年5月正式上线启动，这标志着中国儿童失踪信息发布的官方渠道正式成立。公安部儿童失踪信息紧急发布平台可协助各地公安机关即时发布儿童失踪信息，并将信息自动推送到相关新媒体和失踪地周边一定范围内的相关人群，让更多群众准确快速地获取相关信息，提供失踪儿童线索，协助公安机关破获拐卖案件，尽快找回失踪儿童；对于群众反映的儿童失踪线索，平台第一时间部署涉案地公安机关打拐民警进行即时核查，确属失踪的，积极督促涉案地公安机关尽快找回儿童；失踪儿童已找回的，将失踪原因及找回情况及时反馈；如果是谣言，平台可以及时辟谣，形成与广大群众良性互动的机制。2016年11月，为了扩大平台信息发布渠道和范围，公安部儿童失踪信息紧急发布平台二期新接入支付宝、UC、手机淘宝、YunOS系统、腾讯QQ、百度、一点资讯、今日头条、360手机卫士、滴滴出行等新媒体和移动应用。儿童失踪信息紧急发布平台上线后，找回率达到98%以上[①]，取得了显著成效。

但是如何进一步提高失踪儿童的查找效率，找回更多的失踪儿童，仍是一个重大任务。

二、儿童失踪的文献述评

鉴于人口失踪的重要性，为了提高失踪人口的查找效率，人口失踪（尤其是年轻人）的风险因素研究是国外研究重点[②③]。Shauna Foy博士开发了一个有关人口失踪风险的六类矩阵，使用26个变量来识别失踪人员，主要包括人口因素、社会背景因素、环境特征、人格和行为因素、心理健康因素和事件细节等。她发现失踪人员被侵害的高风险因素包括：女性；最后在公众中出现的情况；失踪人的性格；对报案人的怀疑（具体事故分

① 周俊山：《弱势群体权利保障下的国家反拐行动研究》，中国人民公安大学出版社2018年版，第127页。

② Biehal, N, Wade J., *Children who go missing: Research, policy and practic.* UK: Social Work Research and Development Unit: University of York, 2004, 239.

③ Tarling, R Burrows, J., *The nature and outcome of going missing: The challenge of developing effective risk assessment procedures.* International Journal of Police Science and Management, 2004 (6), 16 -26.

析）；被谋杀的危险因素（药物滥用、卖淫、搭便车与失踪呈正相关）；有自杀未遂史或者未知的自杀威胁[①]。这项研究为我们评估高风险失踪人口提供了一个框架，根据各种不同类型的要素进行失踪风险分析，而不是基于"猜测和推理"。为了确定儿童的失踪风险，美国国家失踪与受虐儿童中心（The US National Center for Missing and Exploited Children）制定了一个儿童失踪风险标准：（1）失踪儿童年龄在15岁以下；（2）被确认超过失踪儿童心理年龄的安全范围；（3）失踪儿童有生理或精神残疾；（4）失踪儿童有药物依赖；（5）失踪儿童是谋杀案或性剥削的牺牲品；（6）失踪儿童可能处于危险的物理或社会环境中；（7）在报案前失踪儿童已经失踪24个小时；（8）失踪儿童由可能影响其安全的成年人陪同；（9）失踪儿童偏离现有生活轨迹而无法给出合理解释[②]。在此风险标准上，美国在1996年建立了针对寻找失踪儿童的安珀系统，2004年，美国联邦司法部拟定了安珀系统启用指引标准：执法部门有合理的理由相信诱拐已经发生；执法部门相信儿童有随时受到重伤或死亡的风险；有受害人和诱拐案的详细描述，供执法部门发布警报信息；被诱拐者未满18岁[③]，该标准提高了查找失踪儿童的效率。

但是由于相关数据缺乏，对于失踪者的风险研究依旧不足[④]，尤其是在中国，很少有这方面的研究。因此，Samways建议，未来研究应着眼于如何针对失踪儿童的特定风险，从失踪儿童的个人特征以及其他因素进行查找失踪儿童。[⑤] 从实务部门来看，在总体上，儿童失踪案件的办理存在着标准缺失、唯经验论、分类粗糙、应对盲目等多种尴尬。比如，关于失踪儿童的调查报告已经确定了警察调查策略存在的一些问题：反应迟缓；侦查手段有限，不能整合心理学、犯罪学、地理画像等多学科方法或团队；案宗管理混乱；侦查员不按规定要求进行必要的侦查或排查；对受害

---

① Foy S., *Profiling Missing Persons within New South Wales - a summary of key points.* Charles Stuart University, 2006: 214.

② Shinkle, W. *Protecting Trafficking Victims: Inadequate Measures?* Institute for the Study of International Migration, Walsh School of Foreign Service, Georgetown University, 2007, 156.

③ 李文军：《美国安珀系统与中国打拐系统比较研究》，载《青年研究》2017年第6期。

④ Coordinating Committee of Senior Officials Missing Women Working Group. *Issues Related to the High Number of Murdered and Missing Women in Canada.* September 2010, 9.

⑤ Mark Samways., *To study missing persons cases with a focus on risk assessment models, investigation methods, missing persons procedures, and communication between law enforcement agencies and non-government organisations. Australia*: Churchill Fellowship Report, 2006.

者的家庭或潜在的证人处理不当；警察缺乏专业培训等①。即使是安珀系统，也存在警报信息发布标准不合理的缺点。比如，启动安珀系统需要满足一定的发布标准，无意间造成了两难的尴尬局面：一方面，执法部门人员过度谨慎，在相当数量的“疑似性案件”中不启动安珀系统，导致失踪儿童最终被拐或者受害，从而遭到所在单位的处罚和社会各界的广泛批评②；但另一方面，部分执法人员可能为了避免被处罚和批评，在不符合发布标准时也倾向于启动安珀系统，从而无限加重民众对警报信息注意力的持续负担，最终可能导致民众无视“安珀警报”③。究其原因在于，缺乏对失踪儿童风险的评估和正确认识，儿童失踪信息发布标准的不合理。

在中国，鉴于儿童失踪的特殊性，早在2009年4月，公安部就规定，凡接报儿童失踪的案件，要立即立为刑事案件进行侦查。2010年，最高人民法院、最高人民检察院、公安部、司法部联合下发《关于依法惩治拐卖妇女儿童犯罪的意见》规定，接到儿童失踪或者已满14周岁不满18周岁的妇女失踪报案的，公安机关应立即以刑事案件立案。这里用的词是“失踪”而不是“被拐”，因为被拐需要提供证据证明，失踪则不需要有证据证明，所以一旦接警要启动全面快速查找，能够动用整个公安机关的力量查找失踪儿童，这在儿童失踪案中成效非常明显，大大提高了失踪儿童寻找的成功率和效率。但是，该规定并没有区分儿童失踪的风险大小而一概立案，带来一定的不良后果：首先，占用了太多警力，尤其是在流动人口较多的大城市。公安机关接受儿童失踪报案后立刻立案，将一些自力救济的失踪案件引入公力救济，超越了基本的公安职能，带来警力资源的浪费；其次，忽视了立案的条件性限制，未能体现相关立法目的。按照《刑事诉讼法》第一百一十条规定，人民法院、人民检察院或者公安机关对于报案、控告、举报和自首的材料，应当按照管辖范围，迅速进行审查，认为有犯罪事实需要追究刑事责任时，应当立案。儿童失踪不一定有犯罪事实，无条件立案违背了基本的诉讼准则；最后，如果无犯罪事实或不能确定是否发生犯罪事实，会产生案件撤销的功能性障碍。儿童失踪后，很多

---

① International Association of Chiefs of Police. *Missing Persons Model Policy*, 1994: 134 - 136.

② Griffin, T. & M. K. Miller, *Child Abduction, Amber Alert, and Crime Control Theater.* Criminal Justice Review, 2008, 33 (2).

③ Monica K. Miller, TimothyGriffin, Samantha S. Clinkinbeard, Rebecca M. Thomas, *The Psychology of AMBER Alert: Unresolved Issues and Implications.* The Social Science Journal, 2009, 46 (1).

家长积极报案，但找到孩子后，如果不去撤案或不主动向公安机关反馈，基层接处警单位如果也不主动组织回访，不主动联系家长撤案，很容易造成积案，导致了大量无效数据“空转”，干扰以后的工作视线，降低办案效率，最终整体削弱了公安机关的行政和刑事执法能力。撤案不仅仅是一个刑事案件的侦查结束，而且是侦查主体办案水平、绩效考核的标准所在，甚至可能引入检察机关的侦查监督权的客观行使①。而中国的儿童失踪信息紧急发布平台，公安部相关部门没有制定任何儿童失踪的信息发布标准可供遵循，只能依靠执法人员的主观判断真伪以及紧迫程度高低②。

因此，不同类型的儿童失踪的风险不同，救济途径和紧迫程度也不同，为了最大程度地实现公安效益的发挥和公安职能的应用，必须对失踪的具体风险进行分析研判，按照相关标准并辅之以儿童失踪管理经验，将其划分为不同等级、不同紧迫程度、不同处理策略、不同失踪预判情形的失踪管理分类。我们应该重点研究如何从失踪儿童的个人特征以及其他因素，如报案人报告他们失踪的情况、失踪环境，来预测失踪儿童所面对的具体风险③。目前，中国没有有效的儿童失踪风险评估工具，只能对儿童失踪全部立案，这带来了一些问题。因此，如何给失踪儿童划分风险，区分出高风险的失踪儿童，制定和精确儿童失踪风险标准是必要的，以便提高查找失踪儿童的效率。

三、研究方法

本研究使用定量研究方法了解儿童失踪的风险，主要使用“宝贝回家”网的失踪儿童登记数据。“宝贝回家”网隶属于宝贝回家志愿者协会，是我国吉林省一个著名民间公益网站。宝贝回家志愿者协会自 2007 年成立起，就致力于帮助失踪儿童找回家人，协助寻子父母找回孩子，目前在全国各地有 24 万志愿者，已跻身于全国最具有公信力及影响力的公益组织之列。宝贝回家网站建立了一个信息交流平台，汇集失踪儿童的信息，我们将这些信息收集整理，截至 2015 年 1 月，其网站信息包含家长寻子的有

---

① 裘树祥、马跃忠：《“失踪”本质及失踪人口的公安治理》，载《中国人民公安大学学报（社会科学版）》2015 年第 5 期。

② 李文军：《美国安珀系统与中国打拐系统比较研究》，载《青年研究》2017 年第 6 期。

③ Samways M. *To study missing persons cases with a focus on risk assessment models, investigation methods, missing persons procedures, and communication between law enforcement agencies and non - government organizations.* Australia: Churchill Fellowship Report, 2006: 176 - 178.

17140条，宝贝寻家的有13120条。我们将网站上的失踪儿童信息做了详细的整理和筛选，其中家长寻子的有效信息为12036条，宝贝寻家的为9843条，孩子类型包括走失、收养、遗弃、被拐等，这些案例都是失踪儿童或者家长自己填写到网站，同时又经过网站工作人员或志愿者核实的，保证是真实的失踪案例。但是大多数数据并不能做深度分析，我们将数据进行了清理，发现有3001条家长寻找失踪儿童的信息较为完备，主要包括性别、年龄、失踪时间、失踪地点等[①]，其中儿童被拐卖的占55.6%，走失的占33.6%。我们主要使用定量研究方法，使用软件是SPSS22.0。

四、研究结果

借鉴失踪人员的风险因素相关研究，根据采集的数据，我们分析中国儿童失踪的风险因素，主要包括个人特征、家庭因素和社会因素：

（一）失踪儿童的个人特征

1. 失踪儿童的年龄

通过数据分析发现，失踪儿童年龄集中于3~5岁，其中4岁的比例最高，占15.8%，未满1周岁的最少，仅占1.9%，然后随着年龄的增长，一直到4岁达到最多，然后开始下降，到12岁达到最低，仅为2.1%，在12~16岁间有所提高，在3%左右徘徊。相对于未满3周岁的儿童，3~5岁的儿童比较容易抚养，并且还没有形成完整的记忆力，走失后很难找到家。帕特里夏·鲍尔（Patricia Bauer）发现，尽管不少3岁孩子对过去一年发生的事有记忆，但这些记忆只能持续到5~6岁，从7岁开始早期记忆会迅速衰退，到了8~9岁，大部分记忆只剩下35%，并且7岁以下儿童缺乏时空概念，记忆形式不成熟[②]，所以一旦走失很难找到家；另外一个原因是，按照人口贩运的供需理论（Demand and Supply）[③]，该年龄段儿童的记忆方式使他们在拐卖市场上比较受买家欢迎，更加刺激了他们被拐。从7岁开始，儿童的记忆方式开始改变，随着年龄的增长，回忆早期记忆

---

① 失踪儿童由于失踪时年龄较小，基本信息记忆不完整。

② Bauer P, Larkina M. *Psychologists document the age our earliest memories fade*. Emory Health Sciences, 2014, 24（1）: 78-89.

③ Hughes D. *Trafficking for Sexual Exploitation: The Case of the Russian Federation*. Geneva: International Organization for Migration, 2002. 22.

的内容和形式慢慢接近于成年人[①]，所以走失和被拐减少了（见图1）。

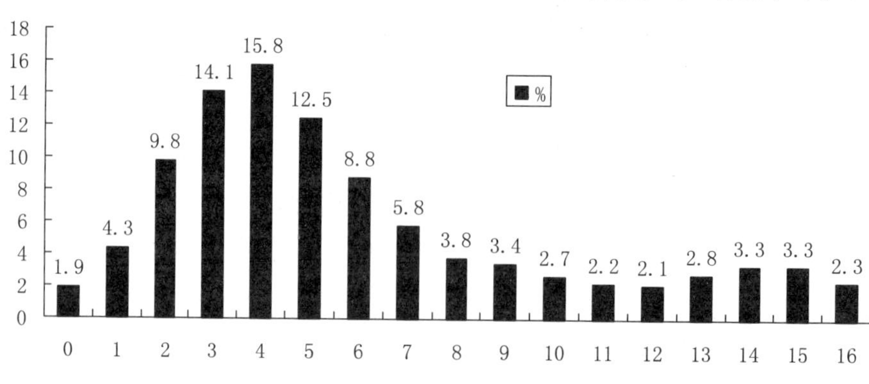

图1 失踪儿童的年龄分布

2. 失踪儿童的性别

就失踪儿童的性别而言，由过去以男孩为主变为女孩也越来越多。数据显示，0～7岁以前，主要是男孩失踪，受中国传统重男轻女、传宗接代思想的影响，男孩在儿童收养市场上颇受欢迎，市场需求刺激了供给，但是也发现一个新的现象，随着孩子年龄的增长，一些七、八岁甚至十多岁女孩失踪的比例越来越大（见图2）。

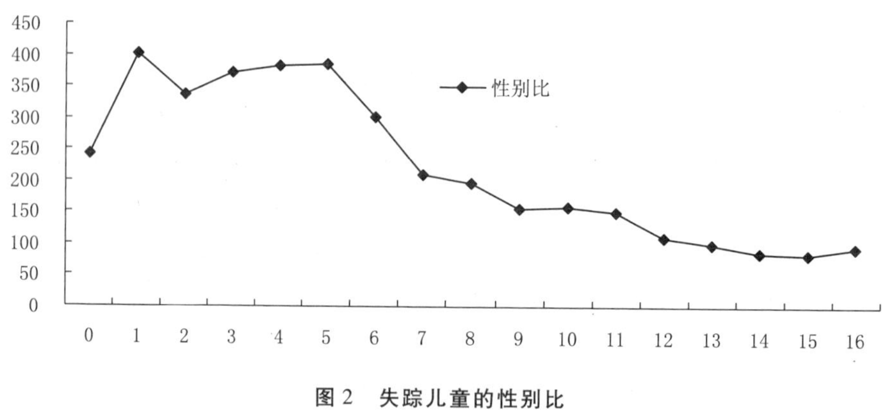

图2 失踪儿童的性别比

近年来，受计划生育政策的影响，加之重男轻女传统观念的影响，致

① Bauer P, Larkina M. *Psychologists document the age our earliest memories fade*. Emory Health Sciences, 2014, 24 (1): 78－89.

使很多地区出生性别比严重失调，中国第五、六次人口普查数据显示，除了西藏，其他省份的出生性别比都严重失调。按照贝克尔的孩子质量与数量选择理论，家庭收入升高的初期阶段，对孩子数量的需求增大①。随着近年来中国社会经济的发展，家庭收入普遍增长，又受到儿女双全传统观念的影响，很多家庭会采用买一个女孩的方式完善自己的家庭结构，女婴的“价格”虽然比男婴低，但往往比男婴还“抢手”。

对于12岁以上的儿童失踪，主要是以女孩为主，情况较为特殊，除了有部分被拐卖为人妻或卖淫外，还存在主动失踪。12~15岁年龄段处于心理学中的第二次反抗期，亦称之为“心理断乳期”，在国外被称作“为从父母的束缚中解放出来而战斗的时期”或“心理烦恼期”。该年龄段孩子在生理上和心理上有明显的变化，渴望自主独立，开始反抗父母的管教，如果父母不能与孩子进行有效沟通，可能激化代际矛盾②，甚至导致孩子离家出走。公安部儿童失踪信息紧急发布平台“团圆”系统上线一年来共发布失踪儿童信息1317条，找回1274人，其中离家出走750人，占找回儿童的近六成，占失踪儿童的半数以上。离家出走的女孩面临的风险要高于男孩，找不回的概率也高于男孩，所以在数据上体现到12岁以上儿童失踪主要以女孩为主。

（二）失踪儿童的家庭特征

儿童失踪除了个人特征外，家庭的弱势也是重要原因：

1. 失踪儿童的家庭类型

当前中国流动人口规模日益庞大，衍生出日益突出的流动儿童和留守儿童的安全问题。我们的数据显示，失踪儿童的家庭户籍大都是农村户籍，占92.95%，我们进一步研究农村户籍儿童的失踪位置，发现21.2%的儿童并不是在户籍所在地的县区失踪，也就是他们是流动儿童。我们将农村非流动儿童进一步做了区分，将父母任意一方从事非农产业的儿童作为留守儿童，我们发现留守儿童占失踪儿童的34%，也就是说流动儿童和留守儿童占失踪儿童的55.2%，一半以上（见图3）。

受身心发展程度限制，儿童自身的安全意识缺乏，自我防护能力有限，需要成年人的监管和看护，但由于监护人的缺位和疏忽，为留守、流

① Backer G S.：《家庭经济分析》，彭松建译，华夏出版社1987年版，第156页。

② 石艳、王嘉欣：《“第二反抗期”与校园暴力》，载《教育科学研究》2010年第8期。

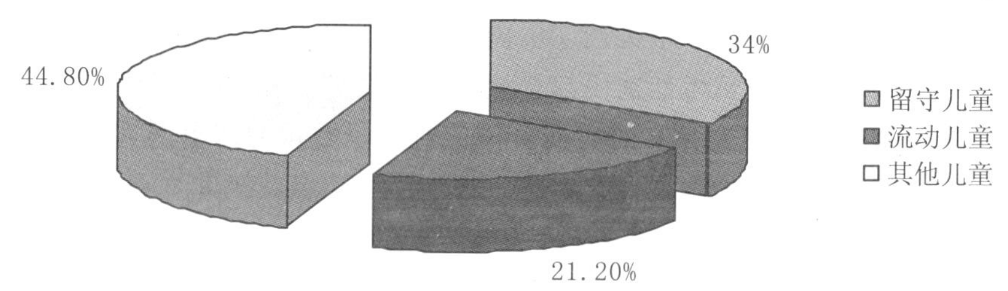

图3　失踪儿童的类型

动儿童失踪埋下了隐患。我们的数据分析结果显示，虽然失踪儿童平时大都有人照顾，但是失踪时无人陪同的占64.6%，未成年哥姐陪同的占7.9%，也就是没有成年人陪同合计超过70%（见表1）。

表1　失踪儿童平时照顾人和失踪时陪同人

	平时照料人	失踪时陪同人
父亲	0.8	2.1
母亲	90.6	7.7
无人	0.1	64.6
祖辈	7.3	1.7
保姆	.2	0.2
哥姐	0	7.9
其他	0.9	15.9

在中国，流动儿童跟随父母进城后，脱离了由农村传统人际关系建立起来的“安全防护网”，而城市的生活环境复杂，社会和家庭都缺乏安全防护的措施和意识，导致流动儿童安全面临种种威胁①。留守儿童也是一个特殊的群体，如今农村“留守化”现象日趋普遍。2010年第六次人口普查数据显示，农村留守儿童单独居住的人数高达3000万，处于无人监护的状态，父母离开农村进城务工以后，普遍很少有人行使监护权，单亲监护、隔代监护中，监护人或多或少存在因谋生自顾不暇，或因年迈力不从

① 林华瑜：《论当前流动人口子女的安全问题与防范对策》，载《湖北警官学院学报》2015年第10期。

心等情况而无法全方位监护①；农村现在主要居住人员是妇女、老人和儿童等，自我防范能力与政府治安联防能力都在不断下降，导致治安问题愈加严重，在一些远离乡镇重心的偏远农村，夜间甚至出现了“零治安力量”的状况，儿童失踪增加②，因此，留守儿童在失踪儿童中还超过流动儿童。

2. 失踪儿童家庭的社会阶层状况

家庭的弱势在社会转型的大背景下更加突出，为了进一步分析失踪儿童家庭的弱势，我们分析家庭的社会地位。以父亲的职业作为社会分层标准是社会学界的常规做法，国家机关、党群组织、企业、事业单位负责人被称为“管理精英”，专业技术人员被称为“专业精英”，其余的是非精英职业群体③，我们发现精英家庭丢失孩子的较少，其中管理精英仅占0.49%，专业精英占2.68%（见图4），非精英阶层占了失踪孩子的大多数。非精英层家庭的孩子更可能失学或主动辍学，家长由于工作繁忙或者缺乏监护意识导致孩子失踪。

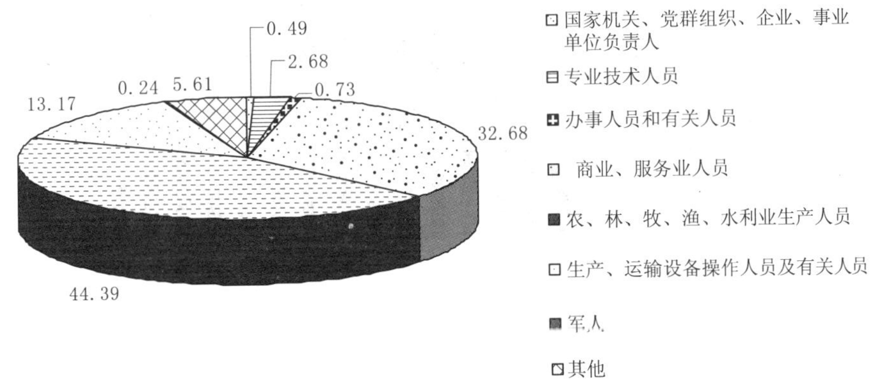

图4　儿童失踪时父亲从事的职业

① 栾殿飞：《流动时代的留守儿童问题》，载《兰州学刊》2012年第10期。

② 罗小玲：《农村“人口空心化”导致的治安乱象及其对策》，载《湖北科技学院学报》2016年第7期。

③ 边燕杰、刘勇利：《社会分层、住房产权与居住质量——对中国“五普”数据的分析》，载《社会学研究》2005年第3期。

（三）失踪的社会因素分析

社会管理制度漏洞也是儿童失踪的重要原因。中国人口流动进一步加剧，这些流动人口及其子女虽然在城市中生活，但不能享受城市的福利和服务，增加了失踪的风险：

1. 失踪时间和地点

从儿童失踪的时间和地点上分析，也能得出失踪的特征及原因。儿童失踪白天居多，相对集中。在我们的数据中，在知道孩子丢失具体时间的2482个家庭内，9～19时发案数最高，其中上午10～12时、14～17时相对集中。基于户籍制度改革的滞后，城乡二元结构长期存在，加之过多的流动人口超过了城市的财政支持能力，城市基本设施跟不上，城市公立学校入学难，收入较低的农民工很难支付高额借读费和赞助费，因此，流动儿童失学或主动辍学现象严重①，只能在本该上学的时间段内玩耍，而父母忙于生计无暇照顾，很容易失踪甚至被拐。

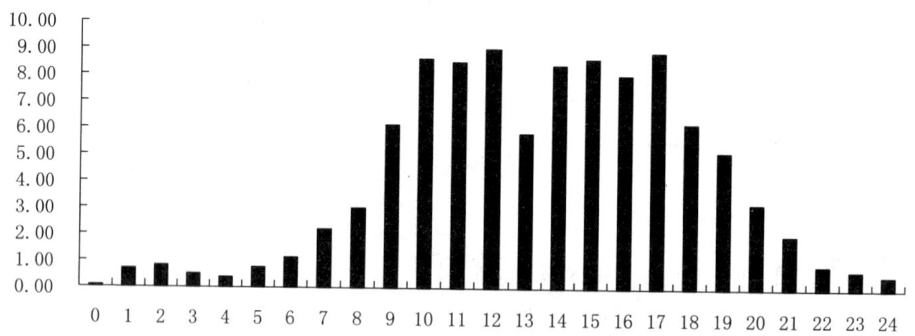

图5 儿童失踪的时间

从儿童失踪地点看，独自外出途中和公共场所居多，主要集中在菜市场、商场、火车站或汽车站等公共场所，约占70%，孩子“独自外出失踪”的较多，超过三分之一，第二个是“与伙伴外出途中”，接近16%，两者都说明没有成年人陪同，占一半以上（见图6），进一步突出了儿童监护的缺失。由于收入较低，流动人口“聚居地”多是建筑工地、商贸市场、菜市场、城中村、城乡接合部等复杂、混乱场所，治安形势复杂，周

① 聂洪辉：《流动儿童在城市中入学的困境与对策》，载《桂海论丛》2009年第1期。

边人员混杂，不乏“黄、赌、毒”等违法现象，而农民进城后把农村养育孩子的方式也带到城市，放任孩子在这种环境下单独玩耍，很少陪同孩子，提高了失踪的风险。

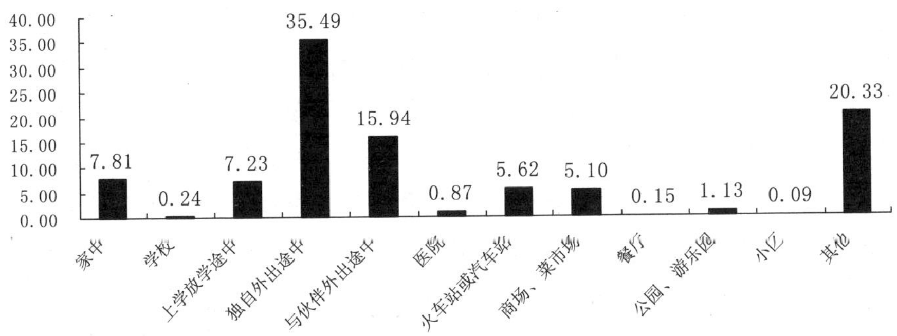

图6　儿童失踪的地点

2. 孩子失踪较多的城市

我们进一步分析儿童失踪较多的城市，数据分析结果显示有两个城市类型（见图7）：第一，流动人口较多的城市，包括北京、东莞、深圳等，以及中西部省会城市，如贵阳、郑州、西安等。按照人口迁移推拉理论，在拉力的作用下，中国东南沿海特殊的产业结构和经济模式吸引了大量以劳动力为主的外来务工人员生活、工作，北京具有天然的首都优势，省会城市则有较大的财政优势，推动了产业投资和公共服务体系建设，在内陆地区，省会城市对流动人口保持了持续的拉力，一些省会城市也成为流动人口的集中地，其规模大多超过百万，且在周边形成流动人口集中地的区

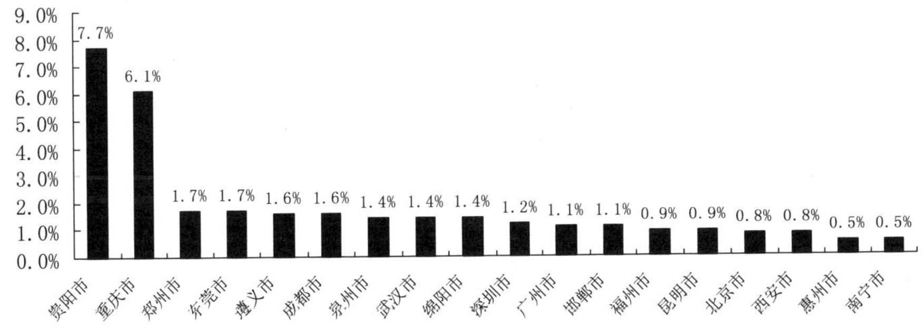

图7　儿童失踪的主要城市

域化态势①，也带来一大批流动儿童在此生活、学习。农民工问题长期存在，农民工流入比较多的城市更加突出，儿童失踪作为众多农民工问题之一也呈现出来了。

第二，买孩子聚集地，如泉州、福州和邯郸等。在中国传统文化中，重男轻女，传宗接代、男女双全这些思想源远流长。受传宗接代封建传统思想影响，一些人置法律和道德不顾，高价收买孩子，以延续自家香火或显示自家人丁兴旺、家庭发达，这在很大程度上刺激了拐卖买方市场，如泉州、福州。中国的改革开放后，上述地区经济发展迅速，民众积累了大量财富，形成了较大的买方市场需求，那些只有女孩的家庭希望能收养男婴传宗接代，长大以后是家庭的“顶梁柱”。邯郸处于晋冀鲁豫四省处，交通便利，曾经以“钢都”“煤城”为荣，矿区吸引大量外来人口，而近年来，资源趋于枯竭，经济发展滞后，加上传统文化的影响，成了北方的儿童失踪高发地。

五、结论与建议

我们的分析结果表明，失踪孩子年龄0～7岁较多，集中于3～5岁，主要是男孩，随着年龄增长，女孩逐渐增多，12岁以上以女孩为主，失踪时间9～19时最高，其中上午10～12时、14～17时相对集中，独自外出途中失踪居多，失踪地点主要集中在菜市场、商场、火车站或汽车站等公共场所，失踪儿童多是农村流动儿童和留守儿童，非精英阶层家庭的孩子占了失踪孩子的大多数，在流动人口较多的城市以及买孩子聚集地提高了孩子失踪的风险。

依据数据分析结果，我们提出了一个儿童失踪风险标准（见表2），区分儿童失踪的风险大小，避免无条件立案，以便更快查找失踪儿童，其中（1）高风险：失踪儿童被发现有受到侵害、绑架或被拐等踪迹，或造成的风险是即时的，有充分的理由相信失踪儿童处于危险之中。（2）中风险：失踪儿童不具备长时间的社会生存和适应能力，失踪造成的风险可能使失踪儿童处于危险之中，或构成威胁。（3）低风险：有危险，但是没有明显的威胁，除非情况发生变化。

---

① 刘涛、齐元静、曹广忠：《中国流动人口空间格局演变机制及城镇化效应——基于2000和2010年人口普查分县数据的分析》，载《地理学报》2015年第4期。

表2　儿童失踪的风险标准

	高风险	中风险	低风险
年龄	3～5岁	1～2岁，6～9岁	10～16岁
性别	12岁以上女孩	0～7岁男孩	
儿童的类型	留守儿童	流动儿童	其他儿童
失踪时陪同人	无人陪同	未成年哥姐陪同	其他
失踪时间	10～12时、14～17时	17～21时	其他时间
失踪地点	独自外出途中	公共场所	其他
城市类型	流动人口较多的城市	买孩子聚集地	其他
父亲职业状况	农村流动人口	商业、服务业人员	精英

在接到儿童失踪报案后，公安机关应认真细致地做好失踪儿童的信息登记、初查、上报等工作，刑侦部门对信息进行统一收集、比对、研判，确定失踪危险度，为给予立案、临界侦查、初级调查等公安处理对策提供科学依据。失踪危险度的标准化评估应当从以下几方面进行考量：A. 高风险：必须立即立案，根据法律规定施以专人（刑侦部门）、专职、专业（DNA采集对比入库）、专项（侦查阵地控制）管理，力求在最有效的时间内找到失踪儿童；B. 中风险：这一类需要由警方和其他机构积极响应，以追查失踪儿童和支持报案人员，根据已查明的危害程度分别予以刑事立案和治安行政立案。C低风险，失踪儿童主动失踪的可能性较大，由于其不具备启动侦查的相关要素，只能通过信息入库、情报交流来进行公安服务，相关社会秩序和利益的恢复须经公安机关临界侦查或相关人员自力救济解决。当然，为了避免摆脱儿童失踪标准的僵化束缚，公安机关要从儿童失踪调查材料和报案人员口述材料中更加深入地发掘相关信息，在标准化评估的基础上赋予决策人员相应的决策和命令专断权力，最大程度弥补标准化评估可能存在的僵化，发挥决策人员所特有的职业敏感性和思维能动性。

尽管本文得出了一些重要结论，但也存在一定不足。本文分析的数据都是在“宝贝回家”网登记的数据，缺乏警察很快找到的失踪儿童数据，也就是所用数据都是积案数据，虽然积案更应该是研究和警方工作的重点；另外，宝贝回家网是一个民间组织，知道的群众毕竟有限，很多失踪儿童数据并没有在该网站上登记，还包括一些隐藏犯罪，本身就是犯罪研究的难点。我们试图收集公安机关相关数据，但是公安机关相关数据也存在一定缺点，希望以后公安机关登记的数据更加规范化和深入化，以更好地了解失踪儿童的特征，完善中国儿童失踪的风险标准。

未成年人权益保护创新发展白皮书（2009－2019）

北京市第一中级人民法院

（2019 年 8 月）

前　　言

少年儿童是新时代的生力军，是祖国未来的建设者。党和国家历来高度重视少年儿童的健康成长，习近平总书记关于少年儿童成长的一系列重要论述，为我们指明了前进的方向，提供了根本遵循。作为少年儿童权益保护的重要力量，少年司法对发展少年儿童工作、维护社会和谐稳定发挥着引领作用。2009 年 6 月，北京市第一中级人民法院在原少年刑事合议庭的基础上成立了未成年人案件综合审判庭，并被最高人民法院确定为第二批未成年人案件综合审判试点单位，专门审理涉未成年人刑事、民事、行政、减刑、假释案件，为未成年人提供更加全面的司法保护。

成立十年以来，一中院未审庭在市高院和一中院党组的正确领导下，在社会各界的大力支持下，坚持案件审理与未成年人权益保护工作相结合，始终围绕着“特殊优先保护”与“教育、感化、挽救”的指导方针，以依法保护未成年人的合法权益为己任，积极谋求未成年人权益保护创新发展，全面构建符合未成年人心理和生理特点的专业化少年审判工作机制，有效预防和减少未成年人犯罪，为未成年人健康成长提供强有力司法保障，主动参与儿童权益保护社会管理创新，促进健全未成年人保护法律体系。

一、2009年－2019年未成年人案件审理基本情况

（一）一中院未审庭十年案件总述

一中院未审庭成立于2009年6月，依法受理由中级人民法院管辖的海淀区、昌平区、石景山区、门头沟区与延庆区涉及未成年人权益的一审、二审刑事、民事、行政案件及北京市未成年犯管教所报送的减刑假释案件。自成立以来，受理各类案件共计4175件，其中民事一、二审案件2071件，占全部案件的49.6%；刑事一、二审及减刑假释（含成年罪犯）案件2087件，占全部案件的50.0%；行政一、二审案件17件，占全部案件的0.4%。

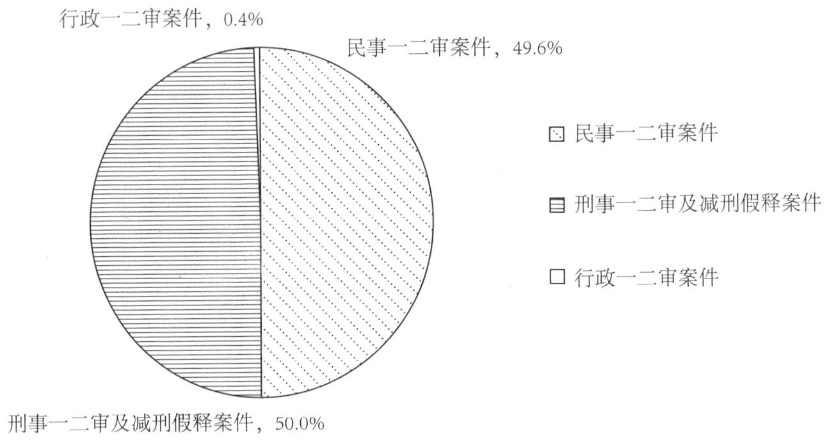

图1　各类案件占全部案件百分比

从历年受理案件的数量来看，案件年总量呈现上升后逐渐平稳状态。2009年至2011年受理案件量逐年增长，2011年达到峰值为618件。2013年，受一中院辖区调整的影响，年受理案件量较之前有所减少，2014年至2019年（预计全年）六年间保持平稳，每年为350件左右。

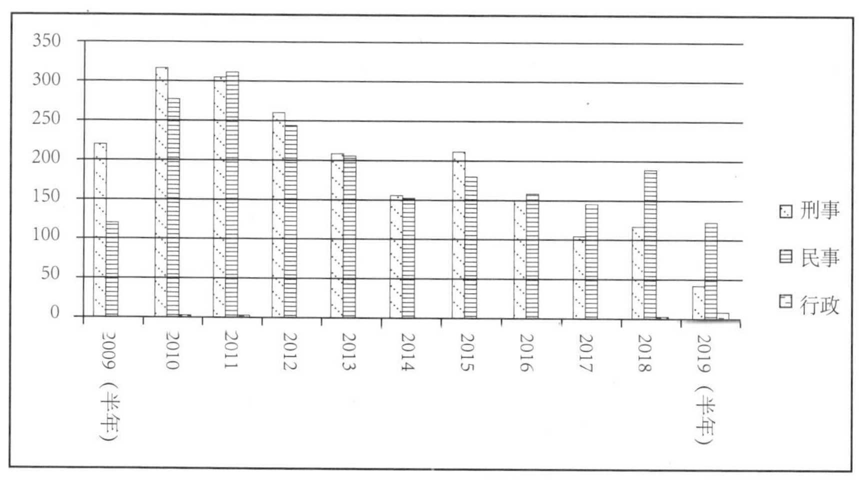

图2　历年涉未成年人案件受理数量

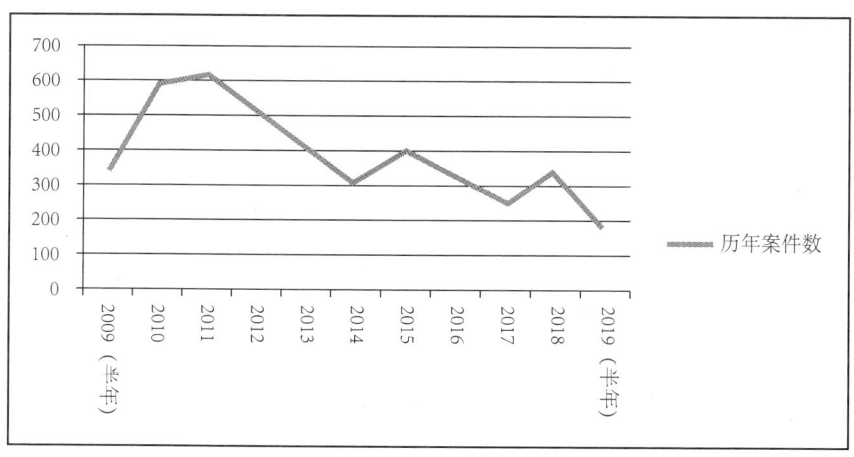

图3　历年涉未成年人案件变化趋势

（二）民事案件审理情况

1. 涉未成年人民事案件数量先上升后趋于平稳、案由种类增加

自2009年至2019年，涉未成年人民事案件数量总体呈现先上升、后逐渐平稳的趋势，其中以2011年民事案件数量最多，为310件。

在案由上，民事案件所涉及的案由种类不断增加，从最初的抚养费纠纷、变更抚养关系纠纷、探望权纠纷、机动车交通事故责任纠纷等常见的十几种案由，逐步扩展到包括合同纠纷、物权纠纷、执行异议之诉等在内的四十多种案由。

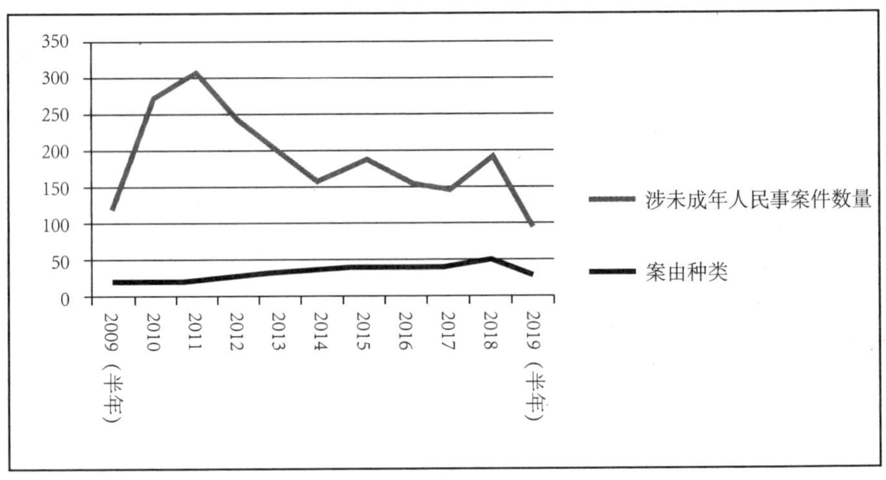

图4 涉未成年人民事案件数量及案由

2. 涉未成年人民事案件类型较为集中

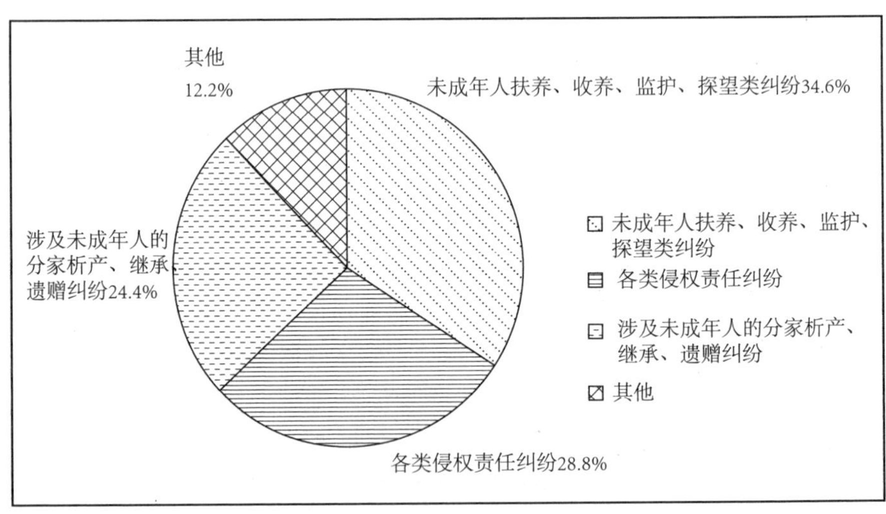

图5 涉未成年人民事案件类型

涉未成年人民事案件的突出特点是案件类型集中，与未成年人人身权益、财产权益密切相关的案件占98%以上。其中未成年人抚养、收养、监护、探望类纠纷占34.6%，各类侵权责任纠纷（如机动车交通事故责任纠纷、医疗损害责任纠纷等）占28.8%，未成年人为当事人的分家析产纠纷、继承纠纷、遗赠纠纷等占24.4%；上述三种类型的案件累计占全部民事案件的87.8%。

3. 校园伤害成为威胁在校未成年人人身权利的重要因素

十年来受理未成年人校园伤害案件167起，占未成年人人身损害赔偿案件的33.4%。

从校园伤害发生原因来看，发生于在校未成年人之间的伤害事件约占60%以上；学生在校期间在无他人侵害情况下受伤的占30%；因校外第三人导致的校园伤害则不足10%；在校园伤害发生场所方面，有50%以上的案件发生在操场、体育场馆中，因体育运动、课间活动、竞技比赛导致的校园伤害案件占比较大；从教育机构责任承担情况来看，因学校未尽到教育、管理职责，致使未成年人在校遭受人身损害，学校均需承担赔偿责任，其中有37.2%的案件学校被判承担主要责任或全部责任。

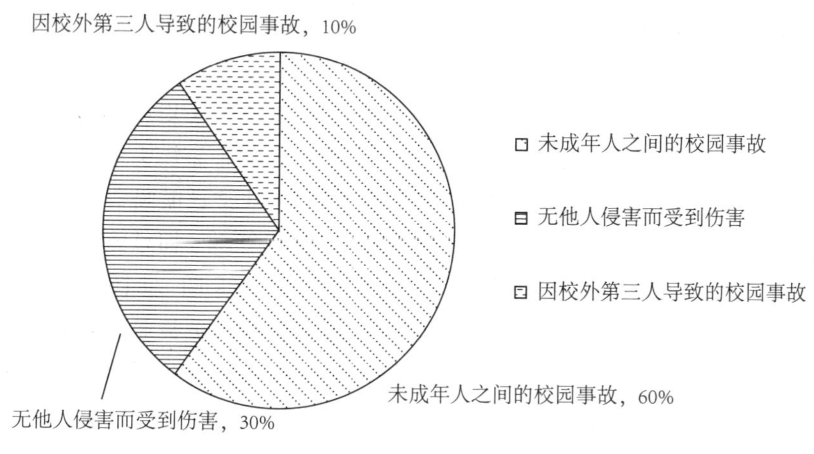

图6　校园伤害的发生原因

4. 抚养类案件呈现三大特点

受理抚养类纠纷案件（包括变更抚养关系纠纷及抚养费纠纷）448件，占全部民事案件的21.6%。作为与未成年人成长利益最为密切的案件类型之一，合理确定抚养费数额、判定抚养关系、严格把握抚养关系变更的条件，是法院以司法形式保护未成年人合法权益的突出和集中表现。司法实践中此类案件主要呈现三大特点：

一是父母双方矛盾较深且争议焦点较为集中。当前离婚年龄逐渐年轻化，不少夫妻之间矛盾较深甚至积怨已久，部分父母滥用权利，把未成年人的抚养权、抚养费作为成年人发泄情绪、争夺财产的工具，以解决纠纷为名谋取个人私利，严重侵害了未成年人的合法权益，不利于他们的健康成长。

二是诉讼原因及理由多样化。以变更抚养关系纠纷为例，在起诉变更抚养关系的原因方面，常见的变更理由约为八大类，其中因有抚养权一方拒绝另一方探望、一方性格不适宜抚养子女以及一方有不良嗜好或不端行为等原因主张抚养权变更的占50%以上。

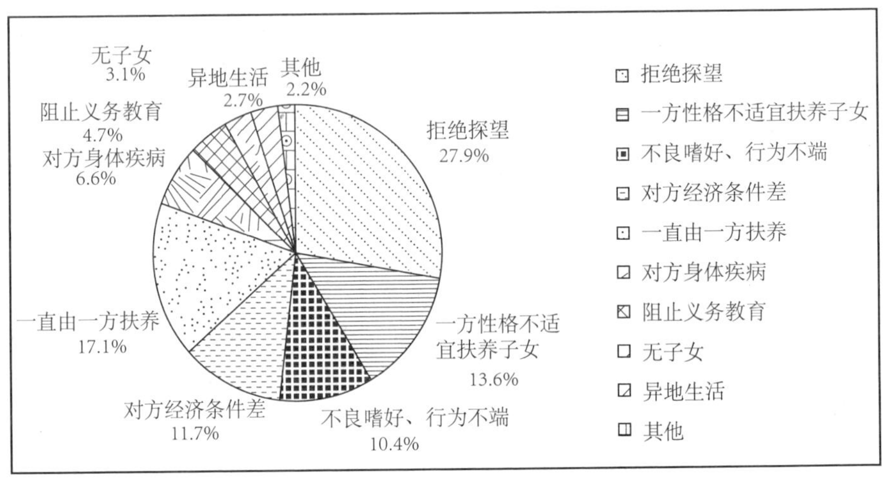

图7　起诉变更抚养关系原因及理由

三是主张抚养费项目多样化且数额增加。根据法律规定，抚养费包括子女生活费、教育费、医疗费等费用。但在近年来审理的相关案件中，在约定抚养费基础上另行主张教育费与医疗费案件增多，60%以上的未成年人主张课外辅导班、课外兴趣特长班等费用。且随着社会发展和生活水平的提高，主张抚养费数额由原来的每月1000元至2000元左右大幅提升，近三年来，约有70%的未成年人诉请主张不直接抚养子女的一方父母支付每月4000元以上的抚养费。

（三）刑事案件审理情况

1. 未成年人犯罪案件数量呈下降趋势

十年来审理刑事一审案件83件，刑事二审案件217件，判处未成年被告人261人；对73名未成年被告人判处缓刑，对22件一审量刑过重的刑事案件予以改判。就未成年人犯罪案件数量来看，十年来总体呈波折下降趋势。2010年案件数量最多为40件；2016案件为近五年来的高峰值，但仍比2010年下降27.5%。

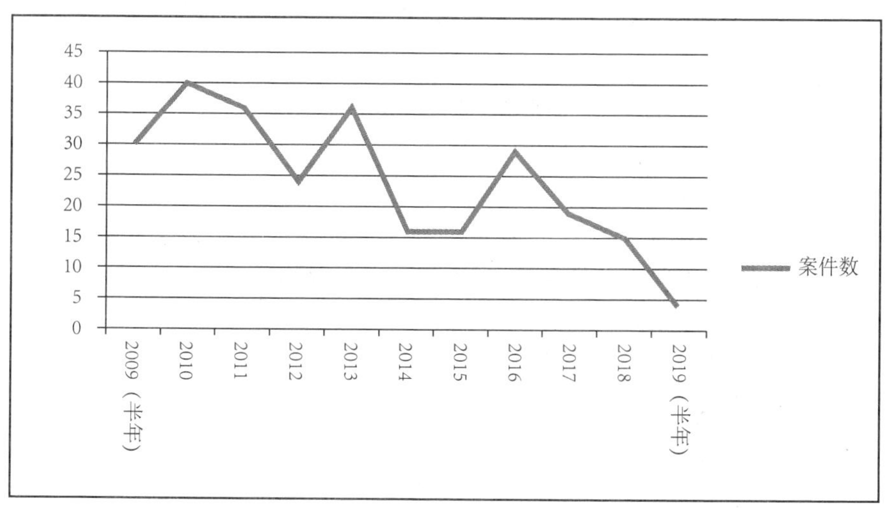

图8　未成年人犯罪案件数量

2. 未成年人犯罪案件主要集中在暴力犯罪、财产犯罪和性犯罪

未成年人犯罪案件类型较为集中，暴力犯罪、财产犯罪及性犯罪案件数约占90%以上。其中，故意伤害罪案件占26.4%，抢劫罪案件占17.7%，强奸罪案件占15.8%，故意杀人罪案件占13.2%，盗窃罪案件占12.3%，强制猥亵、侮辱罪及猥亵儿童罪案件占7.4%，其他案件占7.2%。

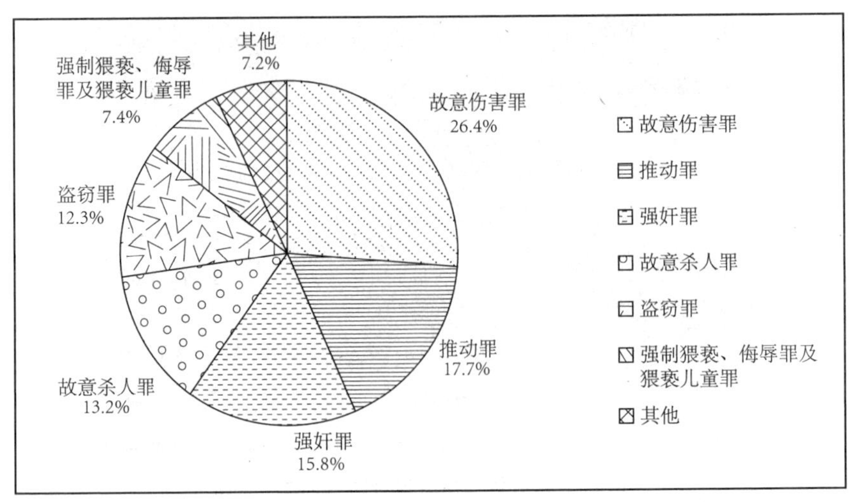

图9　涉未成年被告人刑事犯罪案件

3. 未成年人犯罪案件呈现三大特点

一是被告人文化水平普遍较低。未成年被告人系小学文化程度的占19.7%；初中及同等文化程度占44.9%；高中及同等文化程度占21.7%；文盲占6.9%。

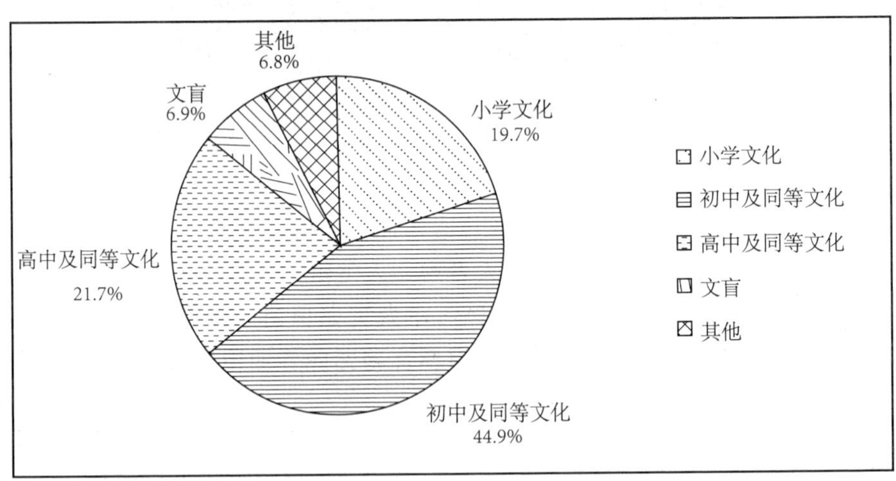

图10　未成年被告人受教育程度

二是被告人中无业人员、外来人员占比较大。在全部未成年被告人中，犯罪时为无业社会闲散人员的占44.3%，为外来进京务工人员的占29.1%；在20.7%的在校学生犯罪案件中，职业技术学校、职业高中学生犯罪的占七成以上。

三是未成年人犯罪的团伙性明显。由于共同的生活环境与兴趣爱好，未成年人容易形成小团体，犯罪呈现团伙性、集体性。在抢劫、盗窃、寻衅滋事、聚众斗殴等犯罪中，多人犯罪、共同犯罪的比例可达六成，这与未成年人心智发育不成熟，遇矛盾易冲动，讲求“哥们儿”义气，容易拉帮结派，极易引发群体冲突的特点密切相关。

4. 未成年人受侵害犯罪类型主要为性犯罪、暴力犯罪

在被害人系未成年人的刑事案件中，遭受性侵类（强奸、猥亵等）犯罪侵害的人数最多，占全部未成年被害人总人数的52.3%；在故意伤害、故意杀人案件中遭受侵害的人数占全部未成年被害人总人数的32.4%；因抢劫、盗窃犯罪而遭受财产损失的人数占4.2%。

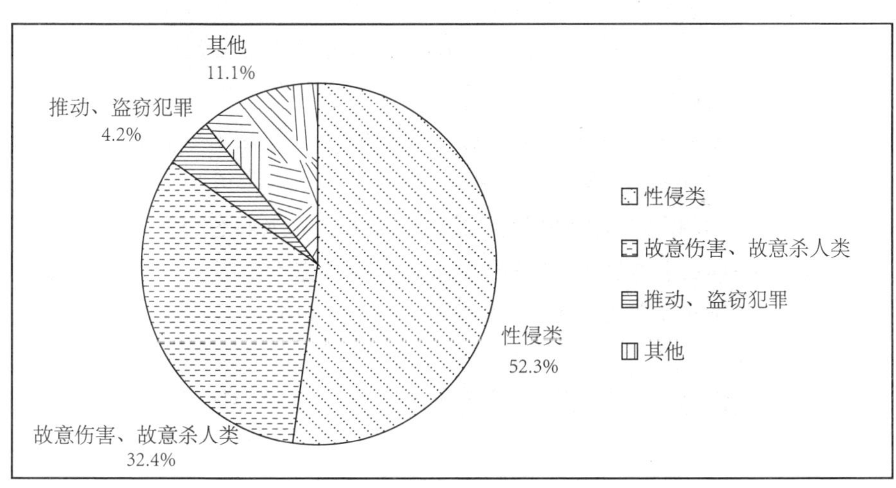

图11　未成年人受侵害犯罪类型

（四）行政及减刑、假释案件审理情况

受理涉及未成年人行政案件17件，审理我市未成年犯管教所移送的减刑案件（含成年罪犯）1261件、假释案件（含成年罪犯）526件。

在行政案件中，要求行政机关履行法定职责案件9件；不服行政机关作出的行政处罚决定案件4件；要求确认行政行为违法案件2件；不服行政复议决定案件1件；要求行政赔偿案件1件。行政案件的内容主要涉及与未成年人权益密切相关的教育考试、身份户籍、工商登记等行政管理领域，需要人民法院充分发挥司法职能，依法保障未成年人合法权益。

在减刑、假释案件方面，经认真审查和严格把关，裁定不予减刑4件，对刑罚执行机关报送的51件减刑案件的减刑幅度进行了调整。自《最高人民法院关于减刑、假释案件审理程序的规定》发布以来，积极引入人民陪审员制度，人民陪审员累计参与减刑、假释案件50余件。人民陪审员制度的引入，有利于社会公众更深入地了解和参与减刑、假释案件的审理，拓宽了公众参与渠道，确保案件审理程序更加公开透明。

二、“三大路径”形成未成年人司法保护特色机制

在未成年人权益保护创新发展理念的指引下，北京市第一中级人民法院坚持以习近平新时代中国特色社会主义思想为指导，全面落实未成年人权益保护的司法审判主体责任和社会管理主体责任“三大路径”：

第一，以司法保护为路径，坚持“教育为主，惩罚为辅”方针，坚决依法打击侵犯未成年人合法权益的行为，全面保护失足未成年人合法诉讼权益，并积极帮助他们顺利回归社会；第二，以能动司法为路径，建立“体系化”“制度化”“全面化”同心圆环式未成年人特色审判机制，修复未成年人被损坏的社会关系，保护未成年人健康成长；第三，以审判延伸为路径，做好中小学的法治教育“全科老师”，充分发挥少年审判工作优势，落实“从娃娃抓起”的法治教育新要求，不断增强青少年的规则意识，立足少年审判实践，紧扣首都家庭幸福安宁发展大局，通过多种形式的普法宣传活动，让全社会了解少年儿童、尊重少年儿童、关心少年儿童、服务少年儿童，为少年儿童提供良好社会环境。

（一）公正高效审理案件，提升未成年人司法保护水平

坚持以公正高效审理案件为主线，围绕“儿童利益最大化”原则和“教育、感化、挽救”的方针，在民事案件中创新工作方法，能动化解民事纠纷，在刑事案件中探索建立刑事被告人与被害人“双向保护”机制，取得了良好的法律效果与社会效果。

1. “立审执”绿色通道

2011 年 6 月，未审庭与立案庭、执行局共同拟定了《关于构建涉未成年人案件“立审执”绿色通道的实施意见》，为涉及未成年人切身利益的抚养类纠纷、侵权类纠纷搭建快立案、快审结、快执行的绿色通道，将此类案件的审理天数缩短三分之一，及时高效地保护未成年人合法权益。

2. 法庭教育机制

着力打造针对性强、效果鲜明的法庭教育机制，对每一位未成年被告人坚持寓教于审、教惩结合，以法庭教育为抓手，针对不同罪名、不同犯罪情节、不同认罪态度因人施教、因案施教，在做好法律释明工作的同时，帮助未成年被告人对自身犯罪的原因和犯罪危害性作出分析，教育他们认真接受思想改造，找准人生定位和前进方向，尽快重拾信心追求美好生活。自建庭以来，坚持“每案教育、每人教育、多方教育”，确保每个未成年被告人在案件审理过程中至少接受一次法庭教育，并积极邀请检察员、人民陪审员、合适成年人参与法庭教育，确保教育实效。

3. 档案封存机制

2012 年 8 月，积极贯彻新修订的《刑事诉讼法》精神，出台《北京市第一中级人民法院未成年人刑事案件诉讼档案封存管理办法》，对犯罪时不满十八周岁、被判处五年有期徒刑以下刑罚的未成年人诉讼档案实行封存，在未成年人犯罪记录封存制度化建设方面迈出第一步。截至目前，累计对 211 名符合条件的未成年被告人诉讼档案实施封存，有效帮助他们消除罪犯标签带来的负面影响，保障其顺利就学、就业。

4. 未成年被害人关爱救助机制

在加强对未成年被告人司法保护的同时，努力探索对未成年被害人的全方位保护。加强附带民事案件调解工作力度，帮助他们挽回损失、获得赔偿累计达 120 余万元。在案件审理中，实现对未成年被害人信息、隐私的严格保密，尽量减少未成年被害人出庭接受询问的次数，避免其因案件的审理遭受“二次伤害”。

（二）引入社会力量构筑“同心圆环”，推动未成年专业化审判发展

在长期司法实践中，逐步探索出“社会力量 + 特色审判机制”的新模式，以特色审判机制为依托，把专业化的社会力量引入少年审判，合力构

建起保护未成年人合法权益的“同心圆环”。

1. 社会观护机制

2010年初，首次在变更抚养关系案件中适用社会观护机制，委托社会工作者对未成年人的背景情况进行调查，参与案件调解，并在案件审结后对生效裁判文书的执行情况进行跟踪考察。目前已累计对47名未成年人开展社会观护并出具社会观护报告，为民事审判提供重要参考依据。

2. 多元纠纷化解机制

2011年出台《关于加强调解工作的若干规定》，把“向社会力量寻求帮助，向社会组织寻求协作”作为民事、行政案件调解工作中的重要方法，联合团委、妇联、人民调解组织共同在二十余起案件中开展多元调解，帮助34名未成年人获得赔偿、补偿累计达百余万元；十余名未成年人得到了团委、妇联的长期关爱和帮助，真正实现了案结、事了、人和的社会效果。

3. 未成年人心理评估与干预机制

2010年开展心理评估与干预的试点工作，与北京市未成年犯管教所联合签订《关于共同开展对未成年刑事案件被告人进行心理危机干预的协议》，制定《关于对未成年刑事案件被告人进行心理干预的若干规定》，由法院委托具备相应资质的心理咨询机构、人员，在三十余起案件中对未成年当事人开展心理危机干预和矫治，既保证了诉讼的顺利进行，也帮助未成年人以更加积极、健康的心态面对生活。

4. 未成年人刑事案件社会调查机制

2009年制定《对未成年人犯罪案件进行社会调查的若干规定》，先于《刑事诉讼法》将社会调查作为保护未成年刑事被告人合法权益的重要方面，严格落实于所有适格案件当中。截至目前，已由法官自行开展社会调查四十余次，委托司法行政机关、社区矫正部门开展社会调查十余次，对刑事案件中未成年被告人的性格特征、家庭环境、成长环境、犯罪原因、监护教育等情况进行调查，并将调查报告作为对其定罪量刑的重要参考，切实保障社会调查的客观性和有效性。

5. 未成年人指定辩护机制

在确认未成年被告人未委托辩护律师后，办案法官在第一时间通知法律援助机构，指派熟悉未成年人身心特点、具有丰富办理未成年人犯罪案件经验的律师为其提供辩护，帮助未成年被告人的想法和意见毫无障碍地表达，切实弥补其能力的短板，保障其刑事诉讼权利。自成立以来，坚持对所审理的无辩护人未成年被告人全部指派法律援助律师，真正实现了辩护人“全覆盖”。

6. 合适成年人到场机制

在审判过程中，如无法通知未成年被告人的法定代理人、法定代理人不能到场或者法定代理人是共犯的，法官通知合适成年人到场为未成年人提供帮助，行使法定代理人的部分诉讼权利。在合适成年人的选任方面，通过层层筛选建立“合适成年人备选人才库”，把法定代理人以外的其他成年近亲属、所在学校、单位或居住地的村民委员会、居民委员会的代表作为首选，吸纳共青团和妇联等社会团体的人员、社会工作者、司法所工作人员，以及其他志愿从事未成年人保护工作的人员，以就近选任为原则。截至目前，已经累计组织26次合适成年人到场参加诉讼，实现了诉讼中未成年人的权益保障。

7. 回访帮教机制

作为全市唯一一家审理未成年人减刑、假释案件的少年法庭，自成立后就与监管机构、社区矫正机构、爱心公益组织建立起回访帮教联动机制。为深入了解未成年犯的改造情况与回归社会状态，曾数十次邀请人大代表、政协委员及未成年人保护组织对未成年犯进行回访帮教，开展隔离式谈话，细致询问每个人的工作、生活、家庭状况，耐心解答他们提出的问题，全面教育矫正每个人的消极思想和不稳定情绪。自建庭以来，已累计开展回访帮教活动50余次，先后组织200余名未成年犯进行一对一谈话谈心，帮助他们重新认识自己和社会，重塑人生自信。

8. 司法救助机制

对于生活面临急迫困难的未成年当事人，充分发挥院级司法救助、中国人权发展基金会“涉诉未成年人救助基金”等渠道作用，为当事人提供经济扶助。2018年5月，与北京青少年法律援助与研究中心签订《强化未成年人权益司法保障合作框架协议》，引入青少年法律援助中心和中华全国律师协会未成年人保护专业委员会共同发起并组织实施的“新起点”未成年人小额爱心资助通路，对诉讼中的困难未成年人提供小额爱心基金。

（三）深入参与社会综合治理，延伸少年审判职能

在加强审判工作的同时，全面、深度参与“政法一条龙”“社会一条

龙”的社会综合治理工作，积极整合司法和社会资源，以特色普法宣传团队、特色普法宣传产品、青少年法治教育基地带为依托，不断延伸审判职能，积极承担社会责任。

一是以司法建议为抓手，提升司法服务水平。在关注案件审判本身的同时，始终重视加大对类型化案件的总结调研力度，针对在案件审理中发现的雇佣童工现象、接纳未成年人进入网吧现象、侵犯未成年人受教育权等问题先后向相关职能部门发送司法建议21份，19份司法建议所反映的问题得到相关部门调查整改、17份司法建议被相关部门以新设规定的形式固化，有效发挥了司法建议堵塞管理漏洞、完善管理制度、净化社会环境的作用，促进司法服务水平的不断提升。

二是以“一支队伍、两个方向、四类产品”为依托，凸显法治宣传多样性。深入挖掘职能延伸创新潜力，致力于打造深耕式普法宣传模式，强化法治宣传扎实性、有效性。组建一支队伍——组建“阳光蓓蕾行”普法宣传志愿团队，吸纳十三名未审庭干警合力参与，累计开展普法活动二百余次，受众达数万人次；开辟“两个方向”——开辟“引进来＋走出去”两个法治教育方向，把学校、社区引进来，先后组织三十余所学校及十余个单位、社区数千余名学生、群众到法院参与座谈、旁听庭审、参加新闻发布会及“国家安全日”“世界儿童日”“宪法日”等主题活动；让法治宣传走出去，以“法治副校长”为纽带，以法治教育课堂为阵地，先后到70余所学校、8个社区、4所公共服务机构开展法治活动，拓展北京电视台、人民法院报、微信、微博、抖音等二十余个宣传平台，对重大活动进行网络直播、对40余件自制普法作品进行发布，促使法治教育活动的社会影响力不断提升；推出“四类产品”——以“知法守法　健康成长”系列短片、“面对性侵，我们有话说”动画短片、普法飞行棋、“阳光少年快乐人生”青少年预防犯罪手册为特色，用原创普法产品优化普法宣传品质。

三是以青少年法治教育基地为平台，切实履行“谁执法、谁普法”责任制。在“科学规划、条块结合、资源共享、优质特色”原则指导下，分别与首都师范大学附属中学、北京理工大学附属中学、石景山区实验小学分校建立“青少年法治教育基地”，高效推进“法治教育基地带”的搭建进程。法治教育基地建成后，法院与学校紧密互动联系，开展了普法讲座、图文展播、旁听庭审、职业体验等各类法治宣传教育活动，为青少年提供了多元化走近法律、了解法律的途径，帮助青少年形成遵纪守法的自觉意识，依法处理校园生活中的各种矛盾冲突。法治教育基地的建立及法治教育基地带的搭建是适应青少年法治教育目标要求变化，创新、完善青少年法治教育体制机制、方式方法的重要举措；切实有效解决了法治宣传教育教学模式单一、专业度不高、涵盖不全面等问题，提升了青少年法治教育综合水平。

成立以来，一中院未审庭在案件审判、制度建设、职能延伸方面取得了良好成绩，先后多次获评团中央及北京市“优秀青少年维权岗”“青年文明号”“北京市未成年人保护工作先进单位”“北京市未成年人保护工作先进集体”“北京法院少年法庭工作优秀集体”等荣誉称号，赖琪法官先后被评为“全国少年法庭先进个人”“北京市先进法官”“群众心目中的好党员”并被授予“首都劳动奖章”，谷世波法官荣获北京法院少年法庭三十周年“先进个人”。

三、当前未成年人权益保护需要研究破解的重点问题

（一）未成年人案件的突出问题

1. 校园欺凌恶性事件频发，网络欺凌日益严重

校园侵权类民事案件与未成年人犯罪案件中，均有相当比例的案件出现了校园欺凌问题。未成年人校园案件往往伴随聚众斗殴、勒索财物、人身伤害等恶性问题，引发故意杀人、故意伤害、寻衅滋事犯罪等刑事案件。而校园中网络欺凌、言语侮辱、关系排挤、恶意嘲笑、拉帮结派等欺凌现象，已成为校园伤害案件的重要诱因之一，甚至部分案件中出现了不同校际间的学生欺凌。此外，近1/3的欺凌案件的发生地点为学校附近，集中在学生的上学、放学途中。随着自媒体的发展和手机互联平台的普及，近半数的校园欺凌案件都发展为网络欺凌、网络恶意传播、网络暴力。遭受到各种形式的校园暴力会使得受害学生在身体、心理上产生创伤，影响学生的心理健康水平，严重的甚至会影响到人格的正常发育。不仅如此，校园暴力也会使得受害学生由于受到暴力伤害的投射反应，出现各种违纪和越轨行为，甚至反过来去欺凌别的弱小同学。

2. 非常态家庭未成年人犯罪占比长期居高

十年未成年人犯罪案件中，流动家庭、离异家庭、来京务工家庭、单亲家庭、再婚家庭的未成年犯罪人占比长期居高，始终处于家庭背景分析

的前五位，充分说明上述家庭中的相关因素对未成年人健康成长影响巨大。被判处七年以上有期徒刑的重刑未成年犯中，来自非常态家庭的超过60%，其中普遍存在监护职责缺失问题：一是事实无监护，多发生在流动家庭、来京务工家庭当中，这些家庭虽然有监护人，但是监护人怠于履行监护职责，使未成年子女处于脱离看管状态或者心理需求失衡状态，家庭教育的“真空缺失”导致未成年人行为严重偏离。二是监护失范，父母自身存在不良行为、错误思想，并将自身的失范传播给孩子，导致孩子效仿走上歧途。三是监护失职，父母对孩子过分纵容，对出现的苗头偏差不能及时通过适当的家庭教育予以纠正，反而选择放任甚至包庇，让孩子产生错误的是非观念，从而导致犯罪发生。

3. 未成年人网络犯罪与网络被害形成“双刃危机”

近七成的未成年人犯罪案件与近六成的未成年人被害刑事案件都存在未成年人不正常接触网络不良信息的问题。移动互联网的迅速发展并未伴随完善的未成年人保护机制，大量网络载体、电子游戏中的色情、暴力、赌博等不良内容严重影响未成年人的身心健康。部分青少年网络道德缺失问题凸显，获取负面信息、形成网络不良团体、习得错误手段的成本极低，人生观、道德观、价值观受到低俗、恶俗信息的影响。一方面，部分未成年犯罪人沉溺网络，出于好奇、寻求刺激、崇拜模仿等心理通过网络实施犯罪，甚至出现网络雇凶杀人等恶性案件。另一方面，部分未成年被害人对网络危害信息、不良人群的辨识能力差，加之对网络的虚拟性认识程度不足，因被虚假信息欺骗导致被害。同时，未成年人在网络社交媒体平台、网络游戏等不理性消费、过度消费等问题也不容忽视。

4. 儿童受性侵案件暴露低龄化警示

在一中院审理的未成年人被性侵案件当中，被害儿童最小的只有四岁，主要年龄集中在6~10岁，6岁以下占一成以上，6~10岁占近半数，10~14岁占两成以上，14~18岁占近两成。很多家长、老师总觉得孩子很小，对性知识的理解容易偏差，选择对低龄的孩子避而不谈。但是，低龄孩子恰恰是性侵害犯罪被害高危人群，也是极其敏感的弱势群体，他们能准确地感受到危险，然而出于求生的本能，很多没有接受过性安全教育的孩子容易被“坏人”的恐吓、威胁所控制，进而陷入无法自救又不敢求救的困境当中。性侵害造成的儿童心理创伤往往很难自愈。很多孩子由于年龄太小，在受害后的几年内并没有特别明显的创伤表现，但在孩子进入青春期甚至成年以后，这种创伤通常已经造成了非常严重的心理后果。

5. 校外培训机构从业人员等与未成年人密切接触人员犯罪增加

近年来，随着课外教育的热潮，校外培训机构的从业人员侵害未成年人的犯罪案件呈现上升趋势。此类校外培训机构从业人员往往利用身为师长的“权威”、教育和管理未成年人的职务和工作便利，以及未成年人对师长的信服心理，侵犯未成年人合法权益。目前，对此类从业人员的准入、监管力度较弱，特别是大量不具备从业资质的“黑机构”更是监督管理的“盲区”，相当比例的校外培训机构从业人员不符合培训机构任教资格条件。未成年人年幼无知、力量微弱，自我保护意识和自我保护能力不足，许多被害人出于恐惧对所受侵害难以启齿，往往在受侵害后不敢告诉家长，导致加害人长期、连续作案。

（二）问题成因分析

1. 家庭环境缺陷、监护人失格等家庭问题导致未成年人“恶性伤害圈”

家庭的缺陷、监护人失格等家庭问题对未成年人的伤害是多重的，且影响深远，一方面，由于家庭的私密性、未成年人主动寻求帮助的能力有限等原因，家庭问题导致未成年人健康成长环境严重受损，直接影响未成年人正常生活。另一方面，此类未成年人由于缺少监护，容易遭受外来伤害，损害未成年人合法权益。如性侵害未成年人案件中，非常态家庭儿童占比超过65%，这些家庭既没有给儿童提供安全的家庭成长环境，更没有对儿童进行必要的家庭日常教育，导致很多儿童性别意识薄弱，缺乏必要的自我保护能力，在遭到不法侵害时不能准确识别危险并采取相应的自救行为，导致严重后果。此外，此类未成年人缺乏家庭关爱，出于自我保护，容易受到不良群体拉拢，极易走上犯罪道路。这类走上歧途的未成年人既是刑事案件中的“加害人”，更是广泛社会学意义上的“受害人”。

2. 网络信息未建立分级制度，未成年人获取不良网络内容、网络消费异常问题频发

随着互联网深度融入社会的各个方面，网络信息走进很多未成年人的生活。《2018年全国未成年人互联网使用情况研究报告》显示，我国青少年网民已经达到1.7亿，未成年人的互联网普及率达93.7%，明显高于同期全国人口的互联网普及率（57.7%）。我国未成年人首次接触网络的年

龄也越来越提前。未成年人社会经验少，对危险的预判及分析能力较差，容易接触到违法不良信息，或者暴力、色情等内容；也可能会被网上的不法分子盯上，甚至对未成年人实施恶性犯罪。目前网络信息复杂，不良网站、不规范互联网平台、监管缺失的自媒体渠道、混乱的虚拟文化群体等对尚处于身体和心理发育期的未成年人健康成长造成了严重的不良影响。这些内容“高刺激” + “低阈值”，未成年人身心没有达到能够控制这种较巨大的刺激能量的时期，极容易形成不健康心理。未成年人没有足够的判断力和控制力，不能清晰的厘清网络世界与现实社会的界限，长期沉溺于网络不良信息，极易出现逾矩行为。

3. 社会分层影响未成年人心理与行为

改革开放以来，我国的社会结构发生了重大变化，尤其是在大型城市，出现了明显的社会分层。阶层差异已经成为影响未成年人心理与行为的重要因素。超过90%的未成年犯来自监护人教育程度低、职业不稳定、家庭经济状况一般或困难的得分较低阶层，这与普通学生的家庭阶层分布形成了鲜明的对比。这些未成年人犯罪中财产因素出现非常频繁，有的是直接为了财产实施犯罪，有的是实施犯罪后一并侵犯财产利益。而且，得分较低阶层家庭与非常态家庭重合比例非常高，其中未成年人的受教育程度、学校环境也均较差，接触有违法犯罪经历的人比例畸高，形成“交叉循环”。总的来说，社会分层导致得分较低阶层未成年人在社会化的过程中选择路径狭窄，不良影响因素多，容易让他们产生对社会和他人的不满。

4. 部分未成年人密切接触行业从业禁止管理监管力度不够

侵害未成年人人身权利的违法犯罪行为具有极高的再犯可能性，而且利用职业便利实施的隐蔽性更强，再犯预防的必要性非常突出。但目前虽然我国刑法和相关行业性法律法规已经为从业禁止制度提供了基本法律依据，但仍然存在操作性不足、强制性不够、系统性欠缺等诸多机制层面的瓶颈问题。其一，相关规定操作性不足体现在缺乏必要的配套执行机制，具体操作的问题都没有明确规定；其二，相关规定强制性不够，主要体现在未涉及相关用人单位的法律责任，其他法律法规对于违反从业禁止规定的行为，不论是个人还是单位，既没有规定违反禁令的后果，也没有规定由谁来追究违法责任；其三，相关规定系统性欠缺。各种从业禁止规定散见在不同层面的法律法规和规章中，刑事从业禁止与行政从业禁止缺乏必要衔接，从业禁止制度缺乏从业资格剥夺等配套措施，政法机关、行政监管部门、群团组织和用人单位在信息互通、监管督促、配合衔接等方面也尚未形成体系。

5. 贫富差距导致部分未成年人金钱观念扭曲走上歧途

社会贫富差距日益明显，加之网络社交平台的迅猛发展，未成年人在心智尚不成熟的情况下极容易产生贪图虚荣、盲目攀比的心理，进而渴望超过自身家庭的消费需求。网络支付方式的便捷和多样性使得许多未成年人在网络游戏、网络打赏等方面过度消费，衍生扭曲的享受欲望。由于自身认知水平的限制，对贫富差距扩大等社会现象感到茫然和困惑，再加上自身家庭经济条件的限制，很容易导致他们产生仇富、愤世情绪。在面对“享乐主义”“金钱至上”等不良思想观念，以及大量含有暴力、色情等不健康内容的信息时，未成年人由于缺乏鉴别能力，而学习、模仿心理又比较强，往往会将网络、影视中的“犯罪手段”应用到现实中。

（三）对未成年权益保护的建议

1. 强化家庭教育与家庭保护功能

家庭是人生的第一个课堂，父母是孩子的第一任老师。家庭保护是未成年人社会化最重要的途径，未成年人的监护人应当言传身教，加强家长的监护责任。

第一，家长应当积极营造良好的家庭氛围，注意自己的行为表现，给孩子做好表率。第二，树立正确的育人观念，注重孩子道德水平、社会常识、心理素质的培养，真正关心未成年人的身心健康成长。第三，掌握正确的教育方法，观察未成年人的行为、心理变化，及时纠正未成年人的偏差思想。第四，在家庭教育出现困境时，主动寻求社会力量的帮助，保障未成年人合法权益不受侵犯。

2. 突出学校、教育机构、教育主管部门主体责任

学校、教育机构、教育主管部门应当依法建立优良的教育环境，强化未成年人保护主体作用，重视文化学习的同时，更要重视安全管理。

第一，加强校园安全风险隐患排查预警。建立动态监测和数据搜集、分析机制，定期汇总、分析学校及周边存在的安全风险隐患，健全风险评估和预防制度。第二，加强校园安全防控体系建设。进一步整合资源，完善视频监控、加速报警联网等安防系统及管理平台建设。第三，持续深化

校园法治安全宣传教育。将提高学生安全意识和自我防护能力作为素质教育的重要内容，着力提高学校安全教育的针对性和实效性。

3. 尝试推行“强制报告”义务，建立未成年人从业禁止人员库

对未成年人负有监护、教育、救助等特殊职责的单位和人员，如教育、医疗机构及其工作人员，在工作中发现未成年人遭受或者疑似遭受非正常损伤、死亡情况时，应当及时向未成年人保护部门或公安机关报案并备案记录，不得瞒报、漏报、迟报，未成年人保护部门、公安机关应当对报案人的信息予以保密。负有报告义务的机构及其工作人员未按照本意见规定向公安机关报案，造成严重后果的，由主管部门或者本单位对直接负责的主管人员或者其他直接责任人员依法予以处分。

逐步建立侵害未成年人案件的社会警示系统，公检法实现联动，完善侵犯未成年人从业禁止人员库。涉及未成年人特殊职责人员招录时，相关单位可以利用信息库进行查询，逐步推动全国信息资源共享，并进一步规范和优化运行模式。

4. 加强对监护失格困境儿童的保护措施

积极构建以家庭监护为基础、社会监护为补充、国家监护为兜底的未成年人监护制度，强化国家监护干预和兜底监护职责意识，依法有效落实儿童监护责任，切实保障儿童生存、发展、安全权益。

因监护缺失、监护不当或监护侵害导致未成年人陷入困境，政府相关部门应当及时介入，优先确保儿童人身安全。对上述困境儿童实行强制报告和举报机制，并由公安机关、儿童福利机构、社区、未成年人保护机构等共同形成应急处置机制，并根据监护人的相关情况依法追究法律责任。对于确实不宜由原监护人继续监护的，按照法律相关规定开展监护干预机制。

5. 从顶层设计优化未成年人保护环境

第一，探索创设国家监护职能的儿童权益代理人制度。部分婚姻当事人只关注婚姻关系的解除和共同财产的分割，常常忽略甚至侵占未成年子女权益，为更好地保障涉案儿童权益，尝试探索借鉴域外的独立代表人制度，由未成年人保护机构作为儿童权益代理人，在上述案件中代表未成年人参与诉讼。儿童权益代理人的设置能在妥善化解家庭纠纷的同时，切实保障涉案儿童权益。

第二，尝试建立强制亲职教育程序。对于家庭教育缺失、对孩子疏于

监管的家长，应该将其列入强制亲职教育名单，如家长拒绝出席，可依据相关法律进行警告、训诫、行政处罚等。强制亲职教育可以根据实际情况，邀请心理专家、法律专家、社会学专家为家长和未成年人授课，帮助他们解决遇到的问题和解开心结，让家长学会怎样教育和监护自己的孩子。而从法律的层面上讲，强制亲职教育的主要目的，是让家长明白，如不依法履行监护职责，将被追究法律责任。

第三，立法互联网信息分级制度，全面规制涉未成年人。不良网络信息。制定网络管理方面的法规政策，确立信息分级技术和过滤技术在未成年人网络保护中的作用；明确网络服务提供商、信息内容提供者、互联网接入服务提供者、运营商在保护未成年人免受网络有害信息侵害的义务和法律责任；明确新媒体的管理部门职责，加强网络监管。涉未成年人的不良网络信息，尤其是淫秽视频一定要高压打击。以此为重点，要全面规制涉未成年人的不良网络信息，从传播媒介角度肃清保护环境。

四、进一步深化推进未成年人案件综合审判工作

习近平总书记强调："孩子们成长得更好，是我们最大的心愿。"少年儿童是我们伟大祖国的希望、我们伟大民族的希望。保障未成年人的合法权益，为他们的健康成长保驾护航，是人民法院义不容辞的责任。立足审判，广泛延伸，是少年司法审判工作的成功经验，更是新时代巩固和保障未成年人权益司法保护成果的必要措施。一中院未审庭成立十年来，始终致力于探索未成年人司法保护的新思路、新模式，不断创新司法延伸的新领域、新路径，确保各项未成年人案件审判特色保护机制和相关的系统化的工作措施能够真正地发挥实效。

一中院未审庭以依法保护未成年人的合法权益为己任，进一步深化推进未成年人综合审判改革，积极探索构建符合未成年人心理和生理特点的专业化少年审判工作机制，在有效预防和减少未成年人犯罪、为未成年人健康成长提供强有力司法保障、积极参与儿童权益保护社会管理创新、促进健全未成年人保护法律体系等方面做出了积极的贡献。十年来，一中院少年审判依法惩治侵害未成年人合法权益犯罪、教育挽救失足少年成果卓越，已经系统化建立具有中国特色的少年审判制度和工作机制，充分反映少年审判工作的人文关爱和科学发展。

一中院的少年审判经历了十年的发展，已经探索出一条具有中国特

色、法理与情理交融的少年审判之路，积累了一系列可推广、可借鉴、可传播的宝贵经验。少年审判的特色就在于创新，这就需要我们在工作中不断探索和培养审判的新方法、新机制，寻求少年司法参与社会管理的新角度、新视野，力求少年审判继续“发展特色、发展品牌”。

（一）“九个新”立意发展方向

1. 明确新站位，主动承担新时代少年审判的社会管理责任

人民法院要从确保亿万家庭幸福安宁、实现中华民族伟大复兴的高度，深刻认识和把握加强少年审判工作的重大意义，充分发挥司法职能作用，努力为少年儿童健康成长营造良好环境。

2. 正视新挑战，试点少年审判特色考核评价工作的科学化设置

在司法改革的背景下，少年审判的特色机制大多属于难以被科学量化的工作，如何对这些工作进行系统化、合理化评价，并纳入未审庭法官的考核体系，是我们当下研究的一个重点，坚持少年审判专业化发展方向，提高未审庭法官工作的积极性，制定规范、合理的案外工作考核评价体系，实现“特色化延伸工作＋科学化考评体系”双健全。

3. 开拓新思路，打造家事审判与少年审判协同发展新品牌

按照“探索家事审判与未成年人审判统筹推进、协同发展”的改革意见，我们充分认识并把握一中院少年审判与家事审判相结合的发展特点，进一步促进少年审判与家事审判相互融合，进一步增强少年家事审判一中院模式的品牌影响力，二者形成合力，共同发展。

4. 分析新需求，积极回应“平安北京”建设对少年审判的社会期待

许多低龄未成年人出现恶性行为，甚至出现杀人等极端行为，由于未达到刑事责任年龄，无法通过国家强制力进行干预。从构建“平安北京”的角度，一中院的少年审判将积极助力社会治安综合治理，发挥“司法探索走在前”的能动司法作用，尝试探索对低龄未成年人违法行为的司法处置机制；与未成年人社会保护力量形成合力，对不满刑事责任年龄、有恶性行为的未成年人开展心理干预与行为矫治。

5. 拓宽新平台，打造集知识性、趣味性、实践性于一体的一流的青少年法治教育平台

一中院将以构建“青少年法治教育基地带”项目为契机，不断扩充法治教育新平台的覆盖范围，充分发挥普法育人的职能，积极承担司法机关

的社会责任，促进青少年法治教育常态化以及校园普法长效机制，实现“法治教育基地带”的引领、示范、辐射、带动作用。

6. 利用新科技，为未成年人立法的进一步完善提供理论支持

正向面对科技发展对未成年人心智发育造成的影响，将犯罪预防、权益保护与少年司法更好地结合，一中院将涉案未成年人大数据分析与少年审判紧密融合，实现司法实践中特色审判机制的规范化与有效性，为更好地教育、挽救涉案未成年人奠定基础。以《未成年人保护法》的修订为契机，探索建立未成年人案件综合审判资料信息系统，为未成年人案件综合审判的理论研究和立法完善提供科学依据。

7. 构建新机制，力求形成辖区内的有效探索机制，为全市、全国法院少年审判工作提供有益借鉴

探索刑事和解机制，推进恢复性少年司法；探索未成年人行政案件审理新机制；探索弱化部分涉及未成年人治安管理处罚的案件对未成年人的标签化影响；构建法官与未成年当事人庭下对话机制。

8. 探索新路径，细化“双向保护”原则、范围及程序等内容

强化少年审判的“双向保护”原则，加强对涉案未成年被告人与未成年被害人的司法保护双路径。一方面探索未成年被告人的“三教一体”审判教育模式、社会矫治机构参加假释程序等程序保护，另一方面积极构建被害人司法救助保护机制。

9. 发挥新效应，继续着力开发普法宣传系列产品

一中院未审庭将继续致力于发挥普法宣传的“朝阳效应”，推动“平安校园”建设，在原有的“两棋、两片、一册、一课”系列普法产品基础上，继续以特色品牌深入参与社会综合治理，提升未审庭普法宣传工作的专业化、系统化水平，打造具有一中院少年审判特色的普法宣传专业力量。

（二）“四大原则”助力少年审判科学发展

1. 全面保护原则

准确把握改革方向，积极延伸审判职能，实现对未成年人的全面司法保护。坚持能动司法基本理念，多角度、全过程保护未成年人人身和财产权利，确保涉诉未成年人能够克服困难正常生活，提升未成年人司法审判工作的权威性与社会认同感。

2. 横向联动原则

进一步完善中国特色社会主义少年司法制度，积极参与未成年人社会事务管理，不断扩大少年司法影响力，主动寻求社会各界对于未成年人问题的关注和帮助。

3. 科学发展原则

促进未成年人保护事业科学发展，深化与各未成年人保护机构之间的协作，借助更广泛的社会力量开展未成年人保护工作，以更具实效的方式扶助困难的涉案未成年人。

4. “谁执法、谁普法”原则

以法庭审理与普法教育紧密结合为轴心，扎实做好未成年人普法工作。落实“谁执法、谁普法”普法责任制，充分发挥在未成年人司法保护、犯罪预防以及深入参与社会综合治理方面的积极作用。

附件1

涉未成年人案件程序指引

为了保护未成年人的身心健康，保障未成年人的合法权益，确保未成年当事人充分行使诉讼权利，根据法律、法规、司法解释及上级法院的相关规定，结合北京市第一中级人民法院未成年人案件综合审判庭（以下简称“少年庭”）工作的实际情况，制定本指引。

一、“立审执”绿色通道

我院少年庭与立案部门、执行部门构建“立审执”绿色通道，提高审理未成年人案件的工作效率、减少未成年人的诉累，使未成年人的合法权益得到充分有效的司法保护。

立案庭指定专人办理未成年人案件的立案工作。对于当事人起诉的一审案件及上诉的二审案件，立案庭对符合立案条件的应当及时立案并移送少年庭审理，减少涉案未成年人因案件审理时限过长而对其正常生活、学习产生的不利影响。为了帮助未成年人最终实现实体权利，少年庭法官应当在结案时教育、说服当事人主动执行生效的法律文书，并主动向未成年权利人及其法定代理人释明申请法院执行的方法和程序，并对其申请执行提供必要的帮助。

我院执行局将当事人提出执行申请的下列六种案件列入快速执行的范围：(1) 未成年人追索抚养费、教育费、医疗费的；(2) 涉及未成年人抚养关系、收养关系、探视权的；(3) 涉及未成年人生命权、健康权、身体权纠纷的；(4) 直接被侵权人是未成年人的特殊类型侵权纠纷；(5) 被害人为未成年人的刑事附带民事诉讼案件；(6) 未成年人是刑事附带民事诉讼原告的。

二、法定代理人制度

对于未成年人刑事案件，在讯问和审判的时候，应当通知未成年犯罪嫌疑人、被告人的法定代理人到场。到场的法定代理人可以代为行使未成年犯罪嫌疑人、被告人的诉讼权利。到场的法定代理人或者其他人员认为办案人员在讯问、审判中侵犯未成年人合法权益的，可以提出意见。讯问笔录、法庭笔录应当交给到场的法定代理人或者其他人员阅读或者向他宣读。讯问女性未成年犯罪嫌疑人，应当有女工作人员在场。询问未成年被害人、证人，同样适用上述规定。此外，审判未成年人刑事案件，未成年被告人最后陈述后，其法定代理人可以进行补充陈述。

在民事案件审理过程中，涉及无民事行为能力人或者限制民事行为能力人的，该无民事行为能力人或限制民事行为能力人必须有法定代理人。一般来说，无民事行为能力人、限制民事行为能力人的监护人是他的法定代理人。根据法律规定，无民事行为能力人是指不满八周岁的未成年人及不能辨认自己行为的成年人；限制民事行为能力人是指八周岁以上的未成年人及不能完全辨认自己行为的成年人，但应注意，当十六周岁以上的未成年人以自己的劳动收入为主要生活来源时，视其为完全民事行为能力人。

法定代理人应提交本人的身份证明材料复印件以及其与被代理人关系的证明材料复印件。

三、法律援助

法律援助是指由政府设立的法律援助机构组织法律援助的律师，为经济困难或特殊案件的当事人给予无偿提供法律服务的一项法律保障制度。

在办理涉及未成年人的刑事案件中，未成年犯罪嫌疑人、被告人没有委托辩护人的，人民法院、人民检察院、公安机关应当通知法律援助机构指派律师为其提供辩护。法律将未成年被追诉人纳入法律援助的范围，作为指定辩护的帮助对象，旨在对未成年人的利益给予特殊保护。辩护人有责任根据事实和法律，提出证明犯罪嫌疑人、被告人无罪、罪轻或者减轻、免除其刑事责任的材料和意见，维护犯罪嫌疑人、被告人的合法权益。

未成年被害人及其法定代理人因经济困难或者其他原因没有委托诉讼代理人的，人民法院应当帮助其申请法律援助。

在民事及行政诉讼过程中，当事人对下列需要代理的事项，因经济困难没有委托代理人的，可以向法律援助机构申请法律援助：（1）依法请求国家赔偿的；（2）请求给予社会保险待遇或者最低生活保障待遇的；（3）请求发给抚恤金、救济金的；（4）请求给付赡养费、抚养费、扶养费的；（5）请求支付劳动报酬的；（6）主张因见义勇为行为产生的民事权益的。经济困难的标准，可参见北京市司法局《关于公民申请法律援助经济困难标准和事项补充范围的意见》。

申请人申请法律援助，应当同时提交以下材料：（1）法律援助申请表；（2）居民身份证、户籍证明或其他有效身份证明；（3）申请人住所地街道办事处、乡镇人民政府出具的经济困难证明；（4）与所申请法律援助事项相关的证明及证据材料。

四、未成年人隐私保护

人民法院审判案件，一般来说一律公开进行。但为了更好地保护未成年人的合法权益，根据法律规定：开庭审理时被告人不满十八周岁的案件，一律不公开审理。经未成年被告人及其法定代理人同意，未成年被告人所在学校和未成年人保护组织可以派代表到场。

审理未成年人刑事案件，不得向外界披露该未成年人的姓名、住所、照片以及可能推断出该未成年人身份的其他资料。查阅、摘抄、复制的未成年人刑事案件的案卷材料，不得公开和传播。被害人是未成年人的刑事案件，同样适用上述规定。

犯罪的时候不满十八周岁，被判处五年有期徒刑以下刑罚的，应当对相关犯罪记录予以封存。对依法应当封存犯罪记录的案件，宣判时，不得组织人员旁听；有旁听人员的，应当告知其不得传播案件信息。犯罪记录被封存的，不得向任何单位和个人提供，但司法机关为办案需要或者有关单位根据国家规定进行查询的除外。依法进行查询的单位，应当对被封存的犯罪记录的情况予以保密。

民事及行政诉讼过程中，如果涉及未成年人个人隐私的，法院应当不公开审理，保护当事人隐私。

为贯彻落实审判公开原则，人民法院作出的发生法律效力的裁判文书，应当在裁判文书生效之日起七个工作日内在互联网公布。但是在审理涉未成年人案件过程中，涉及未成年人犯罪及未成年子女抚养、监护的裁判文书，不得在互联网上公布。其他应当在互联网上公布裁判文书的，应当对下列人员的姓名进行隐名处理：（1）婚姻家庭、继承纠纷案件中的当事人及其法定代理人；（2）刑事案件被害人及其法定代理人、附带民事诉讼原告人及其法定代理人、证人、鉴定人；（3）未成年人及其法定代理人。

五、社会调查报告及社会关护

人民法院办理未成年人刑事案件，根据情况可以对未成年犯罪嫌疑人、被告人的成长经历、犯罪原因、监护教育等情况进行调查，作为办案和教育的参考。人民法院开展社会调查，可以委托有关组织和机构进行。开展社会调查应当尊重和保护未成年人名誉，避免向不知情人员泄露未成年犯罪嫌疑人的涉罪信息。

在审理涉未成年人婚姻家庭案件及抚养纠纷案件过程中，由当事人申请或者人民法院经当事人及其法定代理人同意后，法院聘请社会观护员对少年民事审判中涉及未成年人的抚养权、监护权、人身健康等合法权益的保护问题在庭前进行社会调查，调查涉诉未成年人性格特点、成长经历、居住状况、学习环境、监护人的职业、经济能力、性格等，制作并形成调查报告供合议庭参考，为法院作出公正裁判提供辅助依据。判后由法院或者法院委托社会观护员对涉诉未成年人开展延伸观护回访，考察生效裁判文书履行及未成年人权益保护等情况。从而弥补父母在诉讼中对未成年人权益维护的缺失，通过审判职能延伸、社会力量介入，更有力的维护未成年人合法权益。

六、举证责任

当事人对自己提出的主张，有责任提供证据。具体分为以下方面：

侵权类案件中，主张受到侵权一方首先应当提交侵权人何时何地实施了何种侵害，如书证、物证、证人证言、视听资料或者双方当事人达成的协议等材料。其次应当提交被侵权人损失证明材料，包括但不限于医疗单位诊断书、诊断证明、法医鉴定书、伤残等级评定书、住院病历等；医药费、住院费等收款凭证；交通费、营养费、住宿费等票据。

抚养费纠纷案件中，当事人起诉要求提高抚养费给付标准的，应当向法院提交：（1）被抚养人开支增加的相关证据，例如生活消费增加的相关票据或者医疗、教育的相关支出；（2）抚养人收入增加的相关证据，比如纳税证明、单位开具的收入证明、工资条、银行流水记录等。

抚养关系纠纷中，当事人起诉要求变更抚养关系的，可以向法院提交：（1）与子女共同生活的一方患严重疾病或因伤残无力继续抚养的证据；（2）与子女共同生活的一方不尽抚养义务或有虐待子女行为，或其与子女共同生活对子女身心健康确有不利影响的证据；（3）十周岁以上未成年子女，愿随另一方生活，该方又有抚养能力的证据。

当事人及其诉讼代理人因客观原因不能自行收集的证据，可以在举证期限届满前七日内书面申请人民法院调查收集证据。申请书应当载明被调查人的姓名或者单位名称、住所地等基本情况、所要调查收集的证据的内容、需要由人民法院调查收集证据的原因及其要证明的事实。

在人民法院审理抚养关系纠纷案件时，父母双方对十周岁以上的未成年子女随父或随母生活发生争执的，法院应当询问十周岁以上的未成年子女的意见。

七、先予执行

在诉讼过程中，对于追索赡养费、抚养费、抚育费、抚恤金、医疗费用等案件，当事人有权申请先予执行。因一方当事人生活或生产的急需，人民法院在作出判决前，根据当事人的申请，裁定义务人先给付一定数额的金钱或者是其他财物，以维持当事人正常的生产生活需要。人民法院裁定先予执行，应当符合下列条件：（1）当事人之间权利义务关系明确，不先予执行将严重影响申请人的生活或者生产经营的；（2）被申请人有履行能力。人民法院裁定先予执行，可以责令申请人提供担保，申请人不提供担保的，驳回申请。但应注意的是，申请人败诉的，应当赔偿被申请人因先予执行遭受的财产损失。

八、调解

在我院少年庭审理案件过程中，调解工作作为未成年人案件审理工作的一项重要环节在保护未成年人合法权益方面发挥着不可替代的作用。少年庭法官在审理案件时从维护未成年人合法权益的角度出发，深入了解诉讼当事人的经济状况，加大民事调解的工作力度，努力促使双方达成即时履行的调解协议。此外，对于涉及未成年人的家庭纠纷、校园伤害等民事案件，除法庭依法进行调解工作外，少年庭还积极邀请相关单位、社会团体及有专门知识、特定经验或者与当事人有特定关系的个人来协助调解，以提高调解的成功率。通过调解，一方面及时彻底地解决当事人之间的纠纷，化解矛盾；另一方面，在调解过程中与未成年当事人进行必要的沟通与交流，了解其内心感受与合理诉求，从而有针对性地保障其合法权益。

九、司法救助

法院对经济困难的诉讼当事人进行司法救助，以便于他们通过法律程序获得司法救济，保证其能够正常参加诉讼，依法维护其合法权益。在涉未成年人案件诉讼过程中，当事人因生活面临急迫困难符合法律规定情形的，可以向我院提出司法救助申请。我院司法救助委员会办公室对司法救助案件材料进行全面审查。对同一案件的同一救助申请人只进行一次性国家司法救助。对于能够通过诉讼获得赔偿、补偿的，一般应当通过诉讼途径解决。

救助申请人提出国家司法救助申请，一般应当提交以下材料：（1）救助申请书，救助申请书应当载明申请救助的数额及理由；（2）救助申请人的身份证明；（3）实际损失的证明；（4）救助申请人及其家庭成员生活困难的证明；（5）是否获得其他赔偿、救助等相关证明；（6）其他能够证明救助申请人需要救助的材料。救助申请人确实不能提供完整材料的，应当说明理由。

十、诉费交纳

当事人进行民事诉讼，应当按照规定交纳案件受理费和应当由当事人负担的勘验费、鉴定费、公告费、翻译费、证人、鉴定人、翻译人员出庭的交通费、住宿费、生活费和误工补贴费等其他诉讼费用。案件受理费分别按照下列标准交纳：财产案件根据诉讼请求的金额或者价额，按照一定比例分段累计交纳。抚养纠纷、监护权纠纷、探望权纠纷、收养关系纠纷等非财产案件每件交纳50元至100元。侵害姓名权、名称权、肖像权、名誉权、荣誉权以及其他人格权的案件，每件交纳100元至500元。涉及损害赔偿，赔偿金额不超过5万元的，不另行交纳；超过5万元至10万元的部分，按照1%交纳；超过10万元的部分，按照0.5%交纳。

交纳诉讼费用确有困难的，可以按照规定向人民法院申请缓交、减交或者免交。申请缓交、减交或者免交，应当提交书面申请和足以证明确有经济困难的证据材料。

附件2

北京市第一中级人民法院未成年人权益保护典型案例汇编

一、多措并举：全力遏制校园欺凌

【案情简介】

被害人罗某某（女，15岁）刚升入高中，对未来的一切都充满了憧憬与期待。由于自幼学习成绩优异，罗某某一直都是家长和老师的重点培养对象，而她也不负众望，每次考试都能够名列前茅，因此经常被同学们围在一起请教问题，渐渐地成为班级乃至学校的红人。可是罗某某却不曾知道，她的优秀表现引来了同班另一位同学蔡某某的嫉妒，蔡某某作为班里的大姐头，仗着有校外不良少年的撑腰，经常在校园里横行霸道，此刻看到罗某某作为一名新来的，竟然不知天高地厚妄图挑战她的权威，不禁想要给她一点颜色看看。终于有一天，蔡某某纠结了学校里几个她十分要好的“闺蜜”——王某某、刘某某、孙某某，趁着大家都去上体育课的机会，将罗某某骗至教学楼厕所内，强迫罗某某脱光衣服，对其进行殴打、辱骂，并使用烟头烫伤罗某某的胸部。经法医学鉴定，罗某某本次所受损伤符合轻微伤。事件发生后，罗某某在家长的陪同下到派出所报案。次日，蔡某某在家人的陪同下到派出所投案，王某某、刘某某、孙某某也相继被公安机关抓获。

【法官说法】

一审法院认为，蔡某某聚众以殴打、辱骂、强行脱衣服等方法，强制侮辱妇女，其行为已构成强制侮辱罪，依法应予惩处。判决蔡某某犯强制侮辱罪，判处有期徒刑一年八个月，并对王某某、刘某某、孙某某分别判处相应刑罚。蔡某某因量刑过重提起上诉，北京市一中院未审庭认为，本案被害人系未成年人，蔡某某等人在校园中聚众实施的种种侵害行为给未成年人身心造成极大痛苦，严重侵犯了未成年人合法权益，亦给未成年人家属造成了严重情感伤害，体现了其主观恶性及社会危害性，对其行为应予考虑从重处罚。一审判决定罪及适用法律正确，量刑适当，审判程序合法，故依法驳回了蔡某某的上诉。

校园欺凌，是发生在校园内外、学生之间，一方单次或者多次蓄意、恶意通过肢体、语言及网络等手段实施欺负、侮辱，造成另一方身体伤害、财产损失或精神损害的事件。实施校园欺凌，侵害他人合法权益的，应责令其监护人严加管教，并依法承担民事责任。构成犯罪的，依法追究刑事责任。

【普法提示】

近年来，校园欺凌事件频发，且有愈演愈烈之势，从现实到网络，从小学到高中，从暴力殴打到言语辱骂，校园欺凌俨然成了我国教育领域的一个痛点。打击校园欺凌，维护校园安全刻不容缓，而这需要学校、家庭等多方面的协作。

一、对于学校而言，各中小学校要根据教育部《关于防治中小学生欺凌和暴力的指导意见》及《加强中小学生欺凌综合治理方案》的相关规定，制定防治学生欺凌的工作制度，对实施欺凌和暴力的学生，学校和家长要进行严肃批评教育和警示谈话；情节较重的，公安机关应参与警示教育；对屡教不改、多次实施欺凌和暴力的学生，应登记在案并将其表现记入学生综合素质评价，必要时转入专门学校就读。

二、对于家长而言，父母作为未成年人的监护人，应时刻关注子女的心理状态。与孩子始终保持良好的沟通，及时了解孩子身边发生的事情和内心动态。如果发现孩子有被校园欺凌的现象，一定要安抚好孩子，平复他的恐惧心理，慢慢引导孩子将事情的始末表达出来，了解事情发生的前因后果。应立即与学校老师及对方家长沟通，可拨打学生欺凌事件举报电话或者向学校防治中小学生欺凌工作小组反映，要求施暴者立即停止侵害行为，避免孩子遭受进一步伤害，并且要求学校立即采取有效措施，维护未成年人的合法权益。

三、对于学生自身来说，遇到欺凌事件不要恐惧，要学会合理反抗，一味顺从只会助长施暴者的嚣张气焰。遇到危险后应正确的保护自己，避免身体受到伤害，在自身无力阻止施暴行为时，可立即大声呼救，向周围同学或其他成年人求救，第一时间保护自己。在脱离险境后，要立即向老师和家长报告情况，说明自己正在遭受的侵害，寻求他们帮助，远离校园欺凌。

二、重拳出击：严惩违法雇佣童工

【案情简介】

被害人钱某（男，15岁）初中辍学之后便来到北京市某特色饭庄打工赚钱，与被告人洪某都是该饭店的后厨员工，洪某负责炒菜，钱某负责烤串。2018年3月某天，在该特色饭庄后厨，钱某由于要烧烤肉串需点燃木炭，但自己又腾不开手，便让洪某帮助其把炭燃着，可洪某认为这并不是自己的工作，因此对钱某的请求未予理睬，后因此事二人发生口角，由言语冲突逐渐升级为肢体暴力，双方相互推搡后又相互踢打。其他员工看到该情况后，立即将二人拉开。可令众人都没有料到的是，洪某在被拉开之后从厨房拿了把切菜刀藏在身后追至前厅，冲着钱某头部、背部等处猛砍，将钱某的右手砍掉、左手砍断，头部、颈部等多处砍伤。洪某见钱某倒地不动后，持刀走出饭庄并逃离现场。经医院诊断，钱某双上肢、头部、后背多发刀砍伤，右腕关节完全离断伤，左手多发骨折，肌腱、神经、血管损伤，失血性休克；顶枕部多处头皮裂伤，顶枕部颅骨骨折，顶枕部皮下血肿。经司法鉴定，钱某身体所受损伤程度属重伤二级。2018年3月，被告人洪某被公安机关抓获。

【法官说法】

北京市一中院未审庭认为，被告人洪某持械故意非法剥夺他人生命，致一人重伤，其行为已构成故意杀人罪，犯罪性质恶劣，后果严重，依法应予惩处。洪某故意侵害未成年人，致人重伤，对其予以从重处罚。被告人洪某已经着手实行犯罪，由于意志以外的原因而未得逞，系犯罪未遂，对其依法比照既遂犯从轻处罚。判决：被告人洪某犯故意杀人罪，判处无期徒刑，剥夺政治权利终身。

《劳动法》第十五条规定：禁止用人单位招用未满十六周岁的未成年人。一中院法官在审理案件过程中发现该饭店违法招用童工这一事实后，立即向北京市海淀区人力资源和社会保障局发送司法建议，建议对涉事餐饮公司非法招用未成年人问题予以查处。该局执法大队进行调查后发现该饭店雇佣童工一事属实，遂依照《劳动法》的相关规定对该饭店进行了顶格行政处罚。

【普法提示】

本案突出反映了当前社会中存在的非法雇佣童工问题。案涉饭店非法雇佣童工的行为，不仅受到行政执法部门的顶格处罚，更致使未成年人的生命健康权利遭受了侵害。打击非法雇佣童工行为，需要多方合力，形成遏制童工现象蔓延的长效机制。

一、对于政府部门来说，县级以上各级人民政府劳动保障行政部门应加强对企业用工情况的检查力度，各劳动保障监察大队可定期开展禁止非法雇佣童工专项整治活动，如发现用人单位有违法雇佣童工行为，可依据国务院《禁止使用童工规定》按照每使用一名童工每月处5000元罚款的标准给予处罚，并责令用人单位限期将童工送回原居住地交其父母或者其他监护人，所需交通和食宿费用全部由用人单位承担。劳动保障监察大队等执法部门如发现企业有拐骗童工，强迫童工劳动，使用童工从事高空、井下、放射性、高温、有毒、易燃易爆劳动，或者造成童工死亡或者严重伤残的行为，应立即移送司法机关，依照《刑法》关于拐卖儿童罪、强迫劳动罪等罪名的规定追究其刑事责任。

二、对于广大用工企业而言，任何国家机关、社会团体、企业事业单位、民办非企业单位或者个体工商户均不得招用不满十六周岁的未成年人。法律即便允许用人单位雇佣十六周岁至十八周岁的未成年人，也严格规定了劳动时间及劳动强度。无论是雇佣童工，还是勤工俭学、实习见习、帮工打杂等变相雇佣童工行为，皆为违法行为。企业人事部门在招聘员工时一定要严守法律规定，严格审查应聘者的身份材料，仔细核查招录人员的身份信息，做到依法用工，守法经营。

三、对于童工输出地，要针对未成年人，特别是农村广大留守儿童，建立监测、干预、惩治雇佣童工行为等多种保护机制，如发现因监护人不认真履行监护职责导致未成年人权益遭受侵害的，居民委员会、村民委员会、学校、未成年人保护组织、民政部门等有关部门应向法院申请撤销其监护资格，要求法院安排必要的临时监护措施，保障未成年人的合法权益。

三、警惕身边：小家教也有大风险

【案情简介】

被害人刘某（女，16岁）系某学校高中学生，在发现自己考试成绩不甚理想之后，刘某向父母提出了请一名家教的想法，着重补习自己的数学课程。经过一番考察，刘某的父母选择了北京一所学校的数学“名师”王某，王某在与刘某父母交谈的时候自述其曾多次荣获优秀教师称号，教学成果丰硕。这些亮眼的成绩使得刘某的父母对王某的能力深信不疑，并且为其支付了高昂的补课费。可是令刘某父母没有想到的是，王某在自家及刘某家中利用辅导功课，且家中无人之机，强行以亲吻、抚摸等手段对刘某进行猥亵，并强行与刘某发生性关系。之后王某又采用威胁恐吓的手段要求刘某不要将此事告诉他人。刘某在遭受侵犯后既生气又害怕，多次向父母表明自己不愿意再让王某辅导功课，粗心的父母没有意识到自己的孩子遭受了伤害，认为刘某只是出现了厌学情绪，因此对刘某的请求并未理睬。不知该如何是好的刘某，只能继续隐忍。终于，意识到自己的隐忍不发并不能阻止王某的魔爪伸向自己之后，刘某要求父母在家中安装摄像头，通过摄像头的记录，刘某的父母终于发现了王某的犯罪行为并向警方报案。最终王某被公安机关抓获归案。

【法官说法】

一审法院认为，被告人王某违背妇女意志，多次强行与未成年女性发生性关系，其行为已构成强奸罪；王某以胁迫方式多次强制猥亵未成年女性，其行为亦已构成强制猥亵罪，应与其所犯强奸罪并罚。判决被告人王某有期徒刑十二年六个月，剥夺政治权利二年。并禁止被告人王某从事与未成年人相关的教育工作五年。王某提出上诉后，北京市一中院未审庭经审理认为一审人民法院判决认定事实清楚，证据确实充分，在量刑时已充分考虑了王某所具有的法定及酌定处罚情节，量刑适当，故依法驳回了王某的上诉。

【普法提示】

未成年人人身安全问题是社会关注的重点问题。本案中，王某的恶行虽然得到了法律的制裁，但是刘某所遭受的创伤却难以弥合。因此，广大家长一定要提高警惕，为未成年人的健康成长作出更多努力。

一、家庭是预防未成年人遭受侵害的第一道防线。未成年人遭受性侵害，家长的监护、防范不到位是一个重要的原因。家长在选择辅导老师时，一定要绷紧安全弦，决不能因为求学心切忽略了孩子的安全问题。及时关注未成年人子女身心健康发展，对于子女任何不正常举动要及时了解，对其所反映的情况也要仔细辨别，不可掉以轻心，将孩子置于危险之中。在选择辅导教师时，一定要对教师的资质、品行及教学经历进行初步了解。在教师进行辅导授课时，也要选择合适的地点与合适的时间，必要时可适当陪护，切忌将孩子独自置于封闭环境之中。此外，家长、学校应加强对未成年人的安全教育，要告诉孩子，遭受侵犯之后在第一时间告诉老师和家长，这是避免遭受侵害最行之有效的途径。

二、增强未成年人的性认知和自我保护意识。一中院在审理性侵害未成年人案件中发现，施害者大多利用未成年人懵懂无知的心理来实施犯罪行动，所以提高未成年人的自我防范意识很大程度上就可以避免悲剧的发生。近年来，类似事件的频发使得各地教育部门及未成年人权益保护组织也在通过多种形式进行未成年人安全教育，相关的书籍、讲座、纪录片、电视节目都是通过未成年人可以接受的方式进行宣传与教育，这些都是值得广大家长借鉴与学习的地方。同时，家长也可以通过情景模拟的方式向孩子传授相关的性知识和性侵预防知识，提高未成年人的警觉性和警惕心，教导他们识别和拒绝侵害。

三、各行政职能部门要广泛建立涉性侵害违法犯罪人员信息库，在性侵未成年人犯罪前科人员释放之后，对其就业单位及就业岗位进行限制。就业入职前查询的人员范围具体应包括：1. 学校、幼儿园拟招录的校长、教师、职工及临时聘用人员；2. 校外培训机构向教育部门申请注册登记的法定代理人、管理人员、教师和职员；3. 教育部门认为需要查询的其他工作人员等等。通过积极建立入职审查机制，降低未成年人相关的教育、养育机构中出现性侵未成年人行为的风险，为未成年人筑起一道阻却性侵害犯罪的堤坝。

四、防微杜渐：正确处理情感问题

【案情简介】

被告人汪某与被害人李某（女，16岁）均系某学校高中学生，2014年8月底，汪某在学校的晚会上认识了作为晚会主持人的李某，并通过同学要到李某的微信，开始微信聊天并相识。2014年12月初，汪某开始追求李某并提出来跟李某建立恋爱关系，但李某以怕影响学习为由拒绝。虽然李某表明目前不同意与汪某建立恋爱关系，但二人一直保持着比较良好的同学情谊。一段时间之后，由于李某与另一名同学走得较近，使得汪某与李某之间产生一些误会，二人关系逐渐冷淡。2015年3月，汪某与李某在学校操场相遇，李某试图向汪某解释双方存在的误会，希望二人能够重新成为朋友。汪某与其相约下晚自习后到教学楼一废弃教室详谈。当晚，汪某回到教室拿上衣服和书包，并向同学表示其身体不适，需回家看病，随即来到该废弃教室。在汪某与李某聊天过程中，汪某不顾李某反抗，强行与李某发生了性关系，并因害怕李某告诉老师，扼压李某颈部导致其机械性窒息死亡。汪某在作案后拿走了李某的手机并逃离案发现场，后在母亲陪同下拨打“110”报警投案。

【法官说法】

北京市一中院未审庭认为，被告人汪某违背妇女意志，采用暴力手段强行与妇女发生性关系，其行为已构成强奸罪，依法应予惩处；被告人汪某故意非法剥夺他人生命，致一人死亡，其行为已构成故意杀人罪，且犯罪性质恶劣，后果严重，依法应予惩处，且应对其数罪并罚。被告人汪某实施强奸犯罪、故意杀人犯罪时未满十八周岁，系未成年人，依法对其从轻处罚。案发后，其主动投案，并如实供述故意杀人的犯罪事实，系自首，但考虑其所犯故意杀人罪的情节、后果及社会危害程度，对其不予从轻处罚。判决：被告人汪某因犯故意杀人罪及强奸罪，判处无期徒刑，剥夺政治权利终身。本案中法官经调查发现，汪某自小成长在单亲家庭，父亲正在服刑，母亲因经营生意无暇顾及汪某。汪某从小就很少和父母交流沟通，自中学开始便住宿在校，多年的在外生活，使汪某的身心处于孤独状态，父母陪伴的缺失是汪某在青春期出现各种问题的重要因素。这种状况下成长的未成年人，很容易因为缺乏与父母之间的交流导致思想偏激，走上歧途。

【普法提示】

青少年对事物的认知能力尚未健全，如果成长过程不能正确处理好自己的情感问题，轻则影响学业，耽误自己的前途，严重的甚至可能向本案中的汪某一样走上犯罪的道路。要想避免这种情况的发生，需要我们多方努力。

一、对于青少年的家长来说，平时要多注重与孩子之间的沟通交流，引导孩子正确、理性地表达自己的真实情感。在发现孩子产生情感问题时，应做到尊重关心，在理解的基础上解决问题，与孩子进行有效的沟通交流，了解其内心想法。而不能不由分说妄加阻挠，严词训斥，这样不仅无助于事情的解决，反而会将自己置于孩子的对立面，很容易激起他们的逆反心理。父母要及时与学校老师沟通，通过老师在学校中的教导和管理，引导青少年正确对待自己的情感问题，在学校与家庭的共同努力下，为青少年的健康成长保驾护航。

二、对于学校来说，要真正落实党的十八届四中全会提出的把法治教育纳入国民教育体系的要求，在中小学校通过开展法制知识课程、法制辩论比赛、法律案例研讨等多种形式的教学内容，针对不同年龄段青少年的生理、心理特点及认知能力，对青少年开展针对性、具体性的法制教育，引导青少年形成正确的法治观念，提高他们的法律意识，增强他们依法规范自身行为、分辨是非的能力，避免青少年走向违法犯罪的道路。

三、广大青少年自身也一定要树立正确的人生观，在自身出现情感问题时，要端正认识，作为一名学生一定要牢记自己的身份，摆正自己的位置，对自己、对他人负责。要把握分寸，正确处理好与异性之间交往的距离，在与异性同学相处的过程中，绝不能做出伤害自己和他人的事情。

五、勇敢发声：身边“恶魔”不能纵容

【案情简介】

被告人李某与被害人于某某（女，11 岁）的母亲孙某某系男女朋友关系，三人平时共同生活在北京市某村一自建楼房内。由于孙某某工作繁忙，因此于某某平时的生活多数时间由李某负责照看。2018 年 2 月起，李某趁孙某某上班期间，在与于某某共居一室时，多次采用搭肩搂背、摸胸、摸私处等方式对于某某进行猥亵，并要求于某某不得将此事告诉母亲。于某某由于害怕并未将此事告诉母亲。2018 年 8 月 10 日 8 时 30 分左右，李某又采用摸胸、摸私处等方式对于某某进行猥亵，于某某极力躲闪试图躲开李某的侵犯，并对李某说如果李某再欺负她，她就将此事告诉母亲。李某某听完恼羞成怒，将于某某推倒在地。于某某在逃出屋子之后，前往母亲孙某某上班处将被自己猥亵一事告诉了母亲。当天 18 时，被害人于某某及母亲孙某某、小姨董某回到住处想收拾东西离开，被李某阻拦。孙某某遂报警，后李某被公安机关查获。

【法官说法】

一审法院认为，被告人李某猥亵儿童，其行为已构成猥亵儿童罪。作为与被害人有共同家庭生活关系的人员，李某对不满 14 周岁的被害人多次实施猥亵行为，严重侵犯了幼女的身心健康，依法应从重处罚。且李某系累犯，应当从重处罚。判决被告人李某有期徒刑二年。李某因量刑过重提起上诉，北京市一中院未审庭经审理认为，一审法院对李某定罪、适用法律正确，量刑适当，审判程序合法，依法驳回了李某的上诉。

未成年人由于发育尚未成熟，与犯罪分子的体力相差悬殊，在遭受性侵害时，往往不能或者不敢反抗，因此容易成为性侵案件的受害人。在办

理性侵害未成年人案件中，一中院未审庭发现，此类案件80%以上的犯罪嫌疑人是熟人，而案发多因被害人处于无人看护状态，给了犯罪分子可乘之机。

【普法提示】

本案中，正是因为于某某的母亲缺乏警惕，经常将于某某独自留在家中，这才为李某实施犯罪行为提供了便利。加之李某自身文化素质低下，法治观念淡薄，导致了本案的发生。因此，广大家长一定要正确履行好自身的职责，与学校、社会一起为未成年人的健康成长提供良好的安全保障。

一、父母要切实承担起对未成年人的监护职责，在孩子遭受侵害时要第一时间选择报警，通过法律手段保护自身的合法权益。要相信司法机关在审理未成年人案件时会充分保护未成年人的隐私，绝不会泄露未成年人的身份信息。千万不可因面子问题忍气吞声，致使犯罪分子逃脱法律的制裁。此外，作为父母也要增强与子女的沟通交流，培养他们的自我保护意识。尤其是在单亲家庭内，子女由于父母关爱的缺失更容易缺乏安全感，形成内向、孤僻的性格，这就更加需要父亲或母亲在子女身上倾注更多的关爱与呵护，时时刻刻注意子女的心理波动。

二、学校要加强对未成年人的安全保护教育，通过开展法治课堂、观看法治宣传片等学习形式对学生进行普法宣传，提高未成年人自我防范能力，通过举办法治知识竞赛、模拟法庭等青少年学生喜闻乐见的教育活动，提高青少年法律知识水平，强化法律观念，教育青少年学生在遇到危险和侵害时如何正确自救、远离犯罪。

三、政府部门要加强对刑满释放的性侵害未成年人罪犯的监督管理力度，对相关信息数据进行建档统计，在一定期限、范围内采取适当的措施对此类刑满释放人员加强关注、追踪，通过基层的管理创新切实降低其再犯可能性。

六、多元合力：构筑网络信息保护防火墙

【案情简介】

李某涵（女，8岁）的微博账号“可爱娃娃李某涵”于2015年4月1

日注册，微博认证为中国某坊唱片旗下童星，微博的实际维护人为李某涵的母亲金某丽。微博账号“网络可爱男孩”注册人为王某桐。2017年12月底，金某丽将两张登机牌照片在“可爱娃娃李某涵”的微博上发布，登机牌姓名下方显示有与身份信息相关联的数字串。2018年1月5日02∶18，“网络可爱男孩”发布一条微博，其中列出了金某丽、李某涵二人身份号码。此外，“网络可爱男孩”还发布了诸多“不久的将来王某桐要到李某涵家做女婿、王某桐爱李某涵、李某涵母亲做被告”等语言。2018年1月16日05∶26，“可爱娃娃李某涵”举报“网络可爱男孩”2018年1月5日02∶18所发布的微博内容泄露其身份证号码。微博站方受理后，判定“网络男孩”言辞泄露他人隐私信息，删除被举报内容。“网络可爱男孩”注册人王某桐不服起诉到法院，要求微博公司和金某丽、李某涵恢复其微博账号，赔礼道歉并赔偿相关损失。

【法官说法】

《民法总则》第一百一十一条规定：“自然人的个人信息受法律保护。任何组织和个人需要获取他人个人信息的，应当依法取得并确保信息安全，不得非法收集、使用、加工、传输他人个人信息，不得非法买卖、提供或者公开他人个人信息”。《未成年人保护法》规定，全社会应当树立尊重、保护、教育未成年人的良好风尚，关心、爱护未成年人。任何组织或者个人不得披露未成年人的个人隐私。本案中，“可爱娃娃李某涵”发布登机牌照片的目的应为与李某涵的粉丝进行互动，而非主动张扬、宣示个人身份证件信息。鉴此，登机牌照片所显示的个人身份证件信息，应系个人疏忽所致，并非本人希望公开并为外界广为知悉的个人信息，应属于隐私权保护范畴，未经当事人允许，他人不得私自披露、使用。“网络可爱男孩”王某桐通过登机牌推断出金某丽、李某涵的身份证号码，并在个人微博中使用、披露，明显有悖对个人信息的保护原则。

鉴此，“网络可爱男孩”在本案中的相关诉讼请求缺乏法律依据，法院不予支持。

【普法提示】

本案中反映出未成年人网络信息的保护问题至关重要。众所周知，随着现代科学技术的发展与进步，网络越来越普及，在公民的日常生活中发挥着非常重要的作用，各个年龄层次的人都在经常性地使用网络，虚拟网络环境中保护未成年人信息就显得尤为重要。

一、家长应把好第一道关。在未成年人个人信息的保护方面，作为子女监护人的家长，对未成年子女在网上购物、游戏、娱乐等行为应予以密切关注。平时也应多教育子女，上网时要保护其个人隐私，不将自己及其家人的身份证号、家庭住址、电话号码等个人信息公布在网络上。特别是当前一些童星，在网上的曝光率较高，父母在从事与子女有关的商业活动中，应将未成年儿童的人身权益保护放在首位，在相关媒体发布图文过程中，对涉及孩子信息、隐私部分，应严谨、慎重处理，避免因个人疏忽导致未成年人权益受损。

二、学校应尽到教育提示责任。随着未成年人接触网络年龄层次的降低以及网络的重要性日益凸显，学校有必要对未成年人开设网络安全教育课程，如怎样保护好个人隐私、拒绝黄赌毒、预防网游成瘾等，从根本上提高未成年人保护自身网络信息安全的意识和能力。

三、网络服务者应尽到保护义务。网络服务者也有保护未成年人个人信息的义务，在网络平台涉及未成年人信息泄露时应及时采取有效措施，如予以删除、封号等，避免未成年人的信息进一步扩散。

四、新闻工作者慎重对待未成年人信息。新闻工作者在进行有关未成年人的新闻报道中，特别是一些负面报道时，应注意保护未成年人的个人信息，可以通过匿名、虚构等方式，避免涉案未成年人的相关信息完全曝光在网络中。

七、安全游学：假期游学安全需谨记

【案情简介】

2017 年 1 月 20 日，孙某明（男，7 岁）母亲李某珠与厚德公司签订《厚德励志修学营家长委托协议》，协议约定未成年人孙某明寒假期间到北京参观游学，一切吃住行等事项都由厚德公司负责。2017 年 2 月 17 日孙某明在厚德公司组织安排下随团到北京参观游览，当天入住与厚德公司合作的地接社红星宾馆。2017 年 2 月 18 日凌晨，孙某明在红星宾馆卫生间因玻璃推拉门玻璃破碎，造成其手部被玻璃划伤，当天被送入医院，初步诊断为：手开放性损伤（右侧）；伸肌腱断裂（右侧、环、小指）。经鉴定，孙某明因外伤致手开放性损伤（右侧）；伸肌腱断裂（右侧，环、指），现遗有右手功能丧失累计达10.23%，即双手功能丧失5.12%（5%以上未达10%），构成十级伤残。孙某明遂向法院起诉要求厚德公司、红星宾馆赔偿自己的全部损失。

【法官说法】

《旅游法》第七十一条第二款规定，由于地接社、履行辅助人的原因造成旅游者人身损害、财产损失的，旅游者可以要求地接社、履行辅助人承担赔偿责任，也可以要求组团社承担赔偿责任，组团社承担责任后可以向地接社、履行辅助人追偿。《最高人民法院关于审理旅游纠纷案件适用法律若干问题的规定》第七条规定，旅游经营者、旅游辅助服务者未尽到安全保障义务，造成旅游者人身损害、财产损失，旅游者请求旅游经营者、旅游辅助服务者承担责任的，人民法院应予支持。由此可知，旅游经营者、旅游辅助服务者未尽到安全保障义务，造成旅游者人身损害、财产损失，旅游者请求旅游经营者、旅游辅助服务者承担责任的，人民法院应予支持。本案中，厚德公司作为旅游经营者，在组织假期修学营活动过程中未尽到安全保障义务，导致孙某明在入住红星宾馆后使用卫生间时，手部被浴室门破碎的玻璃划伤，故厚德公司应承担相应的赔偿责任。红星宾馆作为地接社，有保障旅游者安全的义务，未成年人孙某明在使用红星宾馆卫生间时被推拉门的破碎玻璃划伤，属于直接侵权人，亦未尽到安全保障义务，应承担相应责任。

【普法提示】

本案突出反映了未成年人在游学过程中的人身、财产安全问题。对于当前的很多未成年学生，每年的寒暑假期间都会参加各种各样的游学营活动，对于其中的安全风险，游学营组织者、家长及未成年学生自身都应时刻谨记。

一、游学活动组织者应尽到安全保障义务。未成年人因自身年龄和生活阅历等因素，防范风险保护自身的意识和能力都不高，游学营活动大多数情况下家长并不陪同前往，这时游学营活动组织者应承担更高的安全保障义务。所以，游学营活动的组织者在事前应充分向未成年参与者告知风险提示，对未成年参与者予以必要的安全培训，提高他们应对风险的意识和能力。在活动过程中应在饮食、住宿、出行以及应急等方面做好充分准备，必要时对相关合作机构设施、卫生等方面予以检查，出现突发状况时能够及时作出应对，尽量将对未成年参与者的伤害降到最低。

二、家长在为孩子挑选游学活动组织者时更应慎重。对于广大家长朋友而言，毕竟是将自己的孩子交给他人予以照顾，在为自己的孩子选择参加游学营活动时，应首先选择正规化、有资质、专业性强、且经验丰富的公司。此外，要与组织者签订协议，明确各自的权利义务，特别是关于发生突发事故时的赔偿问题要约定清楚。

三、未成年人自身在游学活动过程中要遵守规范、服从管理。对于广大未成年人而言，参加假期游学营活动本是一件增长知识和丰富阅历的事情。但在活动过程中，应遵守活动组织者的管理和安排，要遵守设施的使用规范，到达地点后应服从当地的管理规定，遇到问题时应首先向组织者或成年人请教，不能擅自行动，切实保护自身的安全。

八、托管孩子：并非一“托”了之

【案情简介】

刘某丽（女，7岁）是某小学学生，暑假期间刘某丽的父母工作都很忙，父母不放心其独自在家。经人介绍，刘某丽父母知道了小区内王老师开办的暑期托管班，这个托管班既能够辅导孩子们做作业，还能照顾孩子们的午餐，加之托管班收费也不高，父母就将刘某丽送到该托管班。2017年7月5日9时许，刘某丽在托管班上英语课期间，英语老师要求其到黑板处进行教学活动，刘某丽在返回座位过程中因路面湿滑摔倒。随后托管班王老师及刘某丽家长带领其到医院就医，经诊断刘某丽伤情为冠折露髓。此时刘某丽妈妈也才知道，王老师办的托管班并不是合法的教育机构，虽然王老师以“托管班”的名义对学生学习活动进行管理，并收取相应的管理费，但该托管班并未获得北京市相关教育行政管理部门审批，刘某丽及其父母遂将托管班和王老师起诉至法院，要求其赔偿刘某丽的医疗费、交通费、营养费、精神损害抚慰金等相关费用。

【法官说法】

《侵权责任法》第三十八条规定，无民事行为能力人在幼儿园、学校或者其他教育机构学习、生活期间受到人身损害的，幼儿园、学校或者其他教育机构应当承担责任，但能够证明尽到教育、管理职责的，不承担责任。教育机构对无民事行为能力人在学校上课期间的安全具有高度注意义务。本案中，刘某丽于2017年7月5日9时许，在托管班上英语课期间摔伤。事发时刘某丽系无民事行为能力人，应采用过错推定规则。无民事行为能力人刘某丽在王老师开办的托管班上课期间受到伤害，应推定其未尽到教育、管理的职责，存在过错，应承担侵权责任。教育机构只有在证明自己尽到了教育、管理职责后，才能不承担责任。而王老师所办托管班所提交的证据未能证明其在本次课上尽到教育、管理职责，所以应对刘某丽的损失承担全部赔偿责任。刘某丽主张的医疗费、交通费、护理费、营养费、精神损害抚慰金等费用，理由正当、数额合理，应予支持。

【普法提示】

本案反映出托管班、早教班中孩子的安全问题应引起足够重视。当前，大城市的快节奏使上班族忙于工作，很多家长会选择将孩子放在托管班、早教班等教育机构，既让孩子学习知识、培养兴趣爱好，又能起到帮助家长照看孩子的作用。但当前此类教育培训机构鱼龙混杂，相当比例的托管班、早教班缺乏营业资质，部分托管班、早教班场所狭小简陋、消防安全设施缺乏、卫生条件差、管理水平低、工作人员素质也参差不齐，很难保证孩子们的安全。此外，个人、家庭托管班、早教班一般位于居民区内，位置隐蔽，也不易被相关部门发现并执法监督。

上述问题都给被托管的未成年人的自身安全带来巨大风险。针对上述问题，我们作出以下提醒：

一、广大家长朋友在选定托管班、早教班时，一定要找管理规范、有相关资质的机构。此外，当发现所在小区内存在没有资质的托管班、早教班等教育机构时，应及时向相关管理机构举报，为管理机构提供线索，便于执法监督。

二、教育主管部门、工商管理机构应加大监督执法力度。对于相关有权管理此类教育机构的政府机关，平时多走访，采用明察暗访等形式，或者接到群众举报时，一旦发现缺乏资质的教育机构就严格查处，规范市场秩序。

三、正规的托管班等教育机构，平时也应规范化管理，尽到对未成年人的安全保障义务。父母将孩子交给其照看、教育，此时教育机构就具有很高的保障未成年人安全的义务，如果没有尽到安全保障义务，一旦发生未成年人受到侵害的情况，教育机构一般都要承担相应责任。这就要求托管班、早教班等教育机构平时更应加强规范化管理，提供安全的教育设施，在饮食安全、消防安全等方面加强管理，在预防教育设施、卫生、消防等方面给未成年人带来风险的同时，也要预防不合格教育人员对未成年人的潜在侵害。假如未成年人受到侵害，教育机构应及时对其予以救助，通知家长、及时送医院治疗等，尽量避免损害的扩大。如果教育机构事前做到预防、事中做到科学管理、事后及时正确予以救助，一般情况下可以减轻责任，甚至是免除责任。

九、平安消费：警惕公共场合安全隐患

【案情简介】

2018 年 5 月 20 日，王某山（男，7 岁）跟父亲去某商场购物，在上扶梯的时候，王某山看到前面有一个小男孩在逆着扶梯运行的方向奔跑，看起来很好玩，自己也很想试一下是什么感觉。于是王某山也在商场扶梯上来回跑，爸爸没有对其予以制止，电梯旁边也没有商场管理人员对电梯使用予以管理维护。突然，王某山在跑的过程中不慎摔倒，因自动扶梯缺齿形成缝隙，王某山的左手食指、中指和无名指卡在自动扶梯的缝隙中。随着自动扶梯的滚动，王某山卡在电梯中的三根手指被生生碾断，虽经过救治但最终仍造成了终身残疾。王某山及其家人将商场管理人起诉至法院，要求赔偿相关的医疗费、营养费、护理费、交通费、精神损害抚慰金、残疾赔偿金等费用。

【法官说法】

《侵权责任法》第三十七条规定，宾馆、商场、银行、车站、娱乐场所等公共场所的管理人或者群众性活动的组织者，未尽到安全保障义务，

造成他人损害的，应当承担侵权责任。消费者进入商场后，商场的经营管理者具有保障顾客人身、财产安全的义务。如果消费者的人身、财产受到损害，且已经举证证明是因商场经营管理者过错导致的，则商场管理者应举证证明其尽到了安全保障责任，否则就应依据其过错程度承担相应责任。

本案中，商场的自动扶梯缺齿存在缝隙，但却没有及时维修，同时电梯旁边也没有专人予以管理，商场没有尽到对顾客提供安全保障的义务。对于未尽上述安全保障义务给他人造成人身、财产损失的，应当承担相应的赔偿责任。王某山是无民事行为能力人，缺乏防范风险的能力，对潜在的危险缺乏畏惧心理。家长在带领年仅7岁的王某山进入商场时，活泼好动是这一年龄段男孩的天性，家长更应提高警惕，加强看护，但监护人未能恪尽监护责任，应对损害的发生承担一定责任。综上，法院最终认定商场承担70%的赔偿责任。

【普法提示】

本案突出反映了公共场合未成年人安全保障问题。广大家长带着子女去商场、银行、车站等公共场合的次数很多，实践中，未成年人在公共场合受到损害的案件数量也非常多。此类悲剧的发生，商场未尽到安全保障义务及未成年人的监护人缺乏安全保护意识都是原因所在。

一、公共场合管理者、所有者应尽到安全保障义务。对于商场、车站等公共场合的经营管理者、所有者而言，要为消费者提供安全的场所，如对公共设施定期检查维护，对潜在的风险予以警示告知并采取必要的风险隔离措施等。在伤害发生时，也应及时予以救治，尽量减少损害的扩大。

二、家长朋友在公共场合应看管好孩子。家长在带领孩子去商场等公共场合游玩、购物时，一定要看管好孩子，规范使用公共设施，遵守公共场合的管理规范，对潜在的危险有一定的预判能力，及时制止孩子的不当危险性行为。当然，各位家长朋友也应带孩子去那些正规的、有营业资质、配套设施健全的公共场所进行消费、娱乐。

三、未成年人应保护好自己，绝对不要做危险的举动。日常生活中看似安全的环境，其实也存在不安全的因素。像商场内电动扶梯、绞肉机、推车等设备，都应当意识到这些都是有危险的，不仅要按照注意说明进行使用，还应当在大人的看护下使用，绝对不能做出危险的行为。

四、多措并举传播未成年人法治安全知识。通过搜集近年来审理的未成年人伤害案件，从中归纳整理发现，加强对未成年人及其法定代理人的安全教育，提高家长、未成年人、公共场所管理者及社会各界的安全防范意识，很多未成年人伤害事件的发生本是可以避免的。北京市一中院未审庭积极开展审判延伸工作，定期发布一些保护安全、防范风险的案例；研发了一系列普法安全产品，如 flash 案例普法动漫“如何避免伤害事件发生”等，用孩子们喜闻乐见的形式和简明直白的语言提醒孩子们要增强自我保护意识，提高自我保护能力。同时，少年庭的干警们经常走进社区、学校，进行安全教育，通过播放动画视频案例、讲解典型案例、与学生互动模拟案例等形式，以提高家长、公共场所及社会各界的安全防范意识，避免未成年人公共场合伤害事件的发生。

十、父母同心：子女方能健康快乐成才

【案情简介】

靳某田（男，10 岁）的父母因双方性格不合，矛盾尖锐，于 2017 年 10 月 8 日协议离婚。离婚时父母协议约定靳某田由父亲抚养，母亲则每月给付抚养费 500 元。靳某田与父亲共同生活至 2018 年 3 月，在一次与父亲争吵后离家，并于同学家暂住几天，母亲发现后将其接回自己住处共同生活。2018 年 3 月至今，靳某田一直与母亲、姥姥、姥爷共同生活，现在母亲起诉变更抚养关系，要求靳某田由自己抚养。

【法官说法】

《最高人民法院关于人民法院审理离婚案件处理子女抚养问题的若干具体意见》第 15 条规定，离婚后，一方要求变更子女抚养关系的，应另行起诉。关于父母离婚后子女抚养问题，应从有利于子女身心健康，保障子女合法权益出发，结合父母双方的抚养能力和条件等具体情况妥善解决。为了解最真实的案件情况，做出最有利于未成年子女的裁判，我院启动社会观护机制，委托社工对本案进行社会观护调查。

通过调查发现，父亲靳某天有酗酒习惯，经常出去旅游，对孩子靳某田缺乏关爱照顾；与孩子靳某田的沟通方式欠佳，打骂孩子，父子二人经

常发生争吵，隔阂较大。同时，父亲靳某天为不让孩子母亲见到靳某田，在短短的半年时间之内，给靳某田转学五次。在与父亲共同生活时，靳某田学习成绩很差，经常逃学出去与社会不良青年在一起，也沾染了社会不良习气。在被母亲接回后，靳某田逐渐不再与社会不良人员交往，也不再逃学且成绩有了一定程度提高。

法院认为靳某田父母双方的住房、工作、收入等条件基本相当。从有利于子女身心健康、保障子女合法权益以及尊重子女意愿方面来看，靳某田在与父亲共同生活期间，二人曾发生矛盾，并离家到同学家借住，后母亲得知情况后将其接走。目前，靳某田与母亲共同生活，生活状态稳定，亦无证据证明存在对其健康成长不利的情形，且靳某田表示愿意跟随母亲共同生活，故法院判决靳某田由母亲抚养。

【普法提示】

本案突出反映了部分离婚父母为各自利益而忽视子女健康成长的问题。上述案件中，由于父母间矛盾，父亲为不让对方见到孩子在短时间内给孩子多次转学，因沟通方式不当经常与孩子争吵且打骂孩子，作为父亲经常外出游玩而忽视了对孩子的照顾，最终导致靳某田逃学、学习成绩直线下降，性格也变得更加孤僻，不爱与同学们交往，经常与社会上不良人员厮混在一起，并沾染了赌博、打架、说脏话、抽烟等不良社会习气。

本案在判决之后，通过社会观护员判后回访工作，发现靳某田已经不再与社会不良人员厮混，按时上学，性格也变得开朗了很多，成绩也有了一定的提高。

我们在这里提醒各位已经离婚的父母：

一、父母是子女的第一监护人，子女的健康成长离不开父母的关爱、和谐的家庭关系及温暖的成长氛围。父母因为各种原因最终离婚，对子女而言已经是一种巨大伤害，如果父母再因为各自的利益而不顾子女感受，子女在今后的成长过程中必将出现各种各样的问题，甚至会走上犯罪道路。

二、父母离婚已经对孩子造成一次伤害，要让孩子懂得父母的离异只是家庭格局发生了变化，父母对他的关爱不会减少，应将离婚带给子女的不利影响降到最低。不能在离婚后继续因为各自间的矛盾，而对孩子造成二次伤害。

三、在孩子健康成长的过程中，既需要母亲的细心呵护，也需要父亲的关怀与扶助。离婚后父母应将彼此间的矛盾控制在一定范围之内，在孩子面前不说对方及其亲属的坏话，维护彼此在孩子心中的良好形象。

四、孩子的健康成长过程中，离不开父和母任何一方。父母应当同心同力，共同关注、关心、关爱孩子，让孩子切实感受到来自父亲、母亲的爱，在学习、心理、行为习惯、交友特别是人生观、价值观方面给予孩子细心关注和正确的指引，促进子女健康快乐成长。

【域外考察与借鉴】

美国儿童保护简史

［美］约翰 E. B. 迈尔斯*　余喜**（译）

一、引言

美国儿童保护的历史可以划分为三个时期[①]。第一个时期，从殖民时代延续至1875年，可称之为有组织的儿童保护之前的时期。第二个时期，从1875年到1962年，通过非政府儿童保护协会见证了有组织的儿童保护的创建和发展。第三个时期，从1962年开始，称之为有政府支持的儿童保护举措新时期。

二、1875年之前的儿童保护

1875年，世界首个倾力于儿童保护的组织——纽约防虐待儿童协会（the New York Society for the Prevention of Cruelty to Children）成立。在此之前，尽管儿童从来没有完全丧失援助，但许多儿童并没有得到保护。长期以来，刑事起诉被用来惩罚极其严重的虐待行为。例如，1809年，纽约一

* 太平洋大学麦乔治法学院华南农业大学。

** 华南农业大学马克思主义学院讲师，主要从事青少年研究。

① 提供给那些有兴趣深入研究儿童保护历史的人。作者写过三本同一主题的论著：《美国儿童保护：过去、现在和未来》（2006）；《美国儿童保护史》（2004）（以下简称《保护史》）；《美国的儿童保护：历史》（笔者可提供手稿：jimyers @ pacific. edu）。亦可参见 Marvin Ventrell，The History of Child Welfare Law，in Child Welfare Law and Practice：Representing Children，Parents，and State Agencies in Abuse，Neglect，and Dependency Cases 113—142（Marvin Ventrell & Donald N. Duquette eds.，2005。

店主被判疯狂虐待他的奴隶及她三岁的女儿。[①] 1810年，在斯克内克塔迪（Schenectady，美国纽约州东部城市），一名女性因杀害自己刚出生的孩子而被起诉[②]。尽管这名女性向几个人承认她杀死了孩子，但陪审团仍认定她无罪，可能是因为她精神失常了。1869年，伊利诺伊州的一名父亲因在寒冬将失明的儿子关在冰冷的地窖而被起诉。[③] 辩护律师辩称，父母有权按照自己的意愿抚养孩子，但伊利诺伊州最高法院持不同意见，认为父母的“权力必须基于情理和人性。如果父母对孩子有恶意或肆意的虐待，不管是监禁还是非人的毒打，都将受法律惩罚。”[④] 1856年，加利福尼亚州历史上首例强奸案被最高法院定罪，受害者年仅13周岁。[⑤] 从1856年到1940年，佛罗里达州强奸案的大多数受害者都是儿童。[⑥]

在1875年以前，起诉并不是唯一的解决良方。早在1642年，马萨诸塞州（Massachusetts）就颁布了一项法律，授权地方法官剥夺那些不能正确“抚育”孩子的父母的权利。1735年，佐治亚州的一名孤儿从遭受性虐待的家中被解救。[⑦] 1866年，马萨诸塞州通过了一项法案，一旦“由于孤儿院或父母的疏忽、罪行、酗酒或其他负面因素”，或“孩子的成长离开教育或有益于健康成长的控制，将孩子暴露于懒散而放荡的生活环境中”，法官将授权介入。[⑧] 无论法律是否授权介入，法官都有制止虐待的内在权力。1886年，约瑟夫·斯托里（Joseph Story）大法官写道：“一般来说，

① 该案件作为宣传小册向公众出售。参见Henry C. Southwick，The Trial of Amos Broad and His Wife，on Three Several Indictments For Aassaulting and Beating Betty，a Slave，and Her Little Female Child Sarah，Aged Three Years（1809年），再版于Free Blacks，Slaves，and Slaveowners in Civil and Criminal Courts：The Pamphlet Literature，（179－209）。Paul Finkelman ed.，1988年）［以下简称Froo Blacks，Slaves，and Slave Owners］。最初的小册子于1809年在纽约出版，第1～31页。有关这一可怕的身体虐待案的具体细节可参见A HISTORY，126～127页。

② 这是另一本小册子。参见Ryer Schermerorn，Report of the Trial of Susanna（1810），再版于Free Blacks，Slaves，and Slaveowners，第211～260页。最早的宣传小册出版于1810年的纽约Troy，第1～50页。

③ 参见弗莱彻诉人民案（Fletcher v. People），第52卷第三期。

④ 参见弗莱彻诉人民案（Fletcher v. People），第52卷第三期。

⑤ 参见《人民诉本森案》（People v. Benson）第6卷，第221页（1856年）。本森案例细节参见《美国儿童保护史》（2004），注释2，第126～127页。

⑥ 笔者查阅了加州最高法院和加州上诉法院在1856到1940年间的每一起强奸案。大多数受害者是儿童，而非成年女性。

⑦ 参见Clyde E. Buckingham，Early American Orphanages：Ebenezer and Bethesda，26 SOC. FORCES 311，311－321（1948）.

⑧ 关于被忽视儿童的照料与教育的法案，马萨诸塞州法，1866年，283.

父母被赋予监护权和教育权，但这是基于孩子们会妥善照顾这一自然假设……但不管这一假设是否存在，比如，一旦发现父亲粗暴或虐待对待未成年子女……任一这样的情况，法院的法官将介入并剥夺其监护权……”①

在1875年的非政府儿童保护协会开始普及之前，对保护儿童的介入是零星的，但介入确实发生了。儿童没有像今天这样受到保护，大家意识到虐待并试图提供帮助。

三、从1875年到1962年的儿童保护

有组织的儿童保护始于玛丽·艾伦·威尔逊（Mary Ellen Wilson）的救助。1874年，9岁的玛丽与监护人住在纽约市最糟糕的公寓之一——地狱厨房（Hell's Kitchen）。② 玛丽·艾伦经常被殴打和疏于照顾。一位名叫艾塔·维勒（Etta Wheeler）的虔诚的传教士了解到这个孩子的处境，决心救助她。维勒咨询了警方，但警方拒绝调查。接着，维勒向儿童慈善机构寻求帮助，但他们没有介入家庭的权力。当然，在那个时候，没有儿童保护服务，少年法庭也是在25年后才出现。最后，维勒向亨利·伯格（Henry Bergh）征求意见。伯格是美国防止虐待动物协会（American Society for the Prevention of Cruelty to Animals）颇具影响力的创始人。伯格请他的律师埃尔布里奇·格里（Elbridge Gerry）从法律途径来救助这个孩子。最终，格里采用了人身保护令的一种变体，把玛丽·艾伦带离了她的监护人。③

在玛丽·艾伦被救出之后，动物保护倡导者亨利·伯格和他的律师埃尔布里奇·格里痛惜美国没有任何政府机构或非政府组织保护儿童。伯格和格里决定创建一个致力于儿童保护的非政府慈善组织，由此诞生了纽约防止虐待儿童协会（the New York Society for the Prevention of Cruelty to Children，NYSPCC），这是世界上第一个完全致力于儿童保护的组织。格里成

① 参见Joseph Story，Commentaries on Equity Jurisprudence as Administered in England and America，第1341条。

② 笔者所写的有关儿童保护史的书中，对玛丽·爱伦的案件进行了详细的论述。

③ 玛丽·艾伦的父亲死于内战，母亲失踪。在法官解除玛丽艾伦的监护人的监护权后，艾塔·惠勒请求法官允许孩子与惠勒的母亲住在纽约州北部。法官同意了，于是，玛丽·艾伦被送到惠勒的母亲那里。但不多久，惠勒的母亲就去世了，惠勒的妹妹接着把玛丽·爱伦抚养成人。24岁时，玛丽·艾伦结婚。她育有两个女儿，都上了大学，后来都当了老师。玛丽·艾伦一直活到了20世纪。

为该协会主席，并一直以这一身份服务到 20 世纪。

随着纽约防止虐待儿童协会成立的消息传开，到 1922 年，大约有 300 个非政府儿童保护协会分散在了美国各地。虽然 300 是一骄人的数字，但在二十世纪的大部分时间里，许多城市和几乎所有农村很少或没有机会得到正式的儿童保护服务。对于大多数受虐待和疏于照管的儿童来说，他们获得的帮助主要来自愿意参与其中的家庭和邻居，还有警局和法庭。

随着非政府儿童保护协会在全国各地兴起，另一个重要的创新出现了：少年法庭。

1899 年，世界上首个少年法庭在芝加哥成立。少年法庭迅速普及，到 1919 年，除了三个州外，所有州都设立了少年法庭。不久，这三个州也都设立了。虽然创立少年法庭的改革者主要关心的是失足青少年，但少年法庭从一开始就有干预虐待和疏于照顾案件的管辖权。当然，今天的少年法庭是儿童保护制度的中心机构。

如上所述，在 19 世纪和 20 世纪早期，儿童保护机构是非政府的。在 20 世纪的头几十年中，越来越多的人呼吁将儿童保护工作从非政府组织"防止虐待儿童协会"（SPCCS）转移到政府机构。道格拉斯·福克纳（Douglas Falconer）在 1935 年写道："多年来，几乎完全是私人机构负责儿童保护……大一部分儿童并没有受到他们的保护；在很多地方，他们所提供的服务敷衍了事，水平低下……人们越来越相信，如果要保护儿童不疏于照顾，就必须由公共机构提供服务。"①

呼吁政府保护儿童的同时，各州和联邦政府在社会服务方面的作用也在不断增强。在 20 世纪以前，国家层面的社会服务部门相对较少，所谓的政府服务都是指地方政府。在 20 世纪早期，各州设立或加强了国家福利、社会服务、卫生和劳动部门。

至于在华盛顿特区的联邦政府，1935 年以前，在儿童福利政策和资金方面发挥了微不足道的作用。1912 年，联邦儿童局（the federal Children's Bureau）的成立打破了僵局，接着是《谢泼德镇法案》（Sheppard – Towner Act），该法案从 1921 年至 1929 年为母婴的医疗服务提供联邦资金。然而，正是 20 世纪 30 年代的大萧条促使联邦政府在社会福利方面的角色产生巨变。1935 年，为拯救国家免于经济崩溃，作为罗斯福新政（President Roo-

① Douglas P. Falconer, Child and Youth Protection, in 3 Social Work Yearbook 63, 65 Fred S. Hall ed., 1935.

sevelt' s New Deal）的一部分，国会通过了《社会保障法》（the Social Security Act）。除了养老金、失业保险和职业服务之外，《社会保障法》还为受抚养儿童提供了援助，为各州提供了数百万美元的资金支持贫困家庭。在《社会保障法》中隐藏有一条模糊的条款，即授权儿童局“与国家公益性机构建立合作、扩展和加强，尤其在主要的农村地区，儿童福利服务保护和照顾无家可归的、被抚养的和疏于照顾的孩子和有出现不良行为的孩子。”① 这项规定对儿童福利这一新生的社会工作专业而言是一剂重要的兴奋剂，也是朝着联邦政府在保护儿童免受虐待和疏于照顾的努力中发挥中心作用的方向所迈出的一小步。

20 世纪 30 年代的大萧条加速了非政府“防止虐待儿童协会”的消亡。作为“防止虐待儿童协会”生命之源的慈善捐助随着经济的萎缩而凋零，只有最强大的“防止虐待儿童协会”才经受住了经济的干旱。在 20 世纪 30 年代和 40 年代，许多“防止虐待儿童协会”并入其他组织或关闭。在一些社区，儿童保护由少年法庭或警局承担，而在其他社区，有组织的保护性工作就停止了。

1956 年，美国人道协会儿童司（the Children' s Division of the American Humane Association）司长文森特·德·弗朗西斯（Vincent De Francis）制定了一份全国儿童保护服务清单。② 德·弗朗西斯发现，非政府的“防止虐待儿童协会”从 20 世纪初的 300 个下降到 84 个。三分之二的州没有了非政府的儿童保护服务。在这些州中，包括有“防止虐待儿童协会”的州，政府当局正在慢慢承担起相应责任。但在 20 世纪中叶，许多社区并没有明确承担这项重要服务的机构。

在 1956 年的德·弗兰西斯的调查结束 10 年后，他再次开始关注儿童保护问题。③ 到 1967 年，非政府的“防止虐待儿童协会”降至 10 个。德·弗朗西斯写道：“民间组织自愿提供儿童保护服务的责任，就像老兵一样，正在慢慢消失。”④ 到 1967 年，几乎所有的州都有法律规定，政府

---

① 1935 年的社会保障法，第 521 条，49 号法令 620，633。///Social Security Act of 1935，§521，49 Stat. 620，633.

② 见 Vinvent De Francis，Child Protective Services in The United States：Reporting a Nationwide Survey（1956）.

③ 见 Vinvent De Francis，Children's Div.，AM. Humane Ass'n，Child Protective Services，a National Survery（1967）.

④ 笔者所写的有关儿童保护史的书中，对玛丽·爱伦的案件进行了详细的论述。

负有保护儿童的责任。然而，德·弗朗西斯诉说，“没有一个州和社区制定了足够的儿童保护服务，以满足所有被报道的儿童疏于照顾、虐待和剥削的案件的服务需求。”[①] 几年前，伊丽莎白·格洛弗（Elizabeth Glover）和约瑟夫·里德（Joseph Reid）也写道：“美国的好几百个县，没有儿童保护服务，除了治安服务。而且在许多全国性的大城市，仅有的保护服务是由志愿机构提供的，而志愿机构却没有充分的资金做到全社区覆盖。”[②] 1965年，加州没有县一级的儿童保护服务制度。在大多数州，保护服务做不到全覆盖。绝大多数社区缺乏24小时的覆盖。因此，在20世纪头60年，大多数社区的保护服务不足，甚至在一些地方根本就没有。

四、现代儿童保护

（一）从1962至今

本文前两部分描述了1962年以前的儿童保护，接下来我们讨论1962年以后儿童保护制度的发展。到20世纪70年代末，政府资助的儿童保护服务遍及全国，在城市和农村地区都得到了普及。

（二）虐待儿童成为全国性的问题

20世纪60年代，人们对虐待儿童的关注激增，医生在这一觉醒中发挥着关键性作用。在20世纪60年代以前，医学院很少或根本没有提供关于虐待儿童问题的教育，医学教材在这个问题上也基本上保持沉默，甚至连儿科医生也不甚了解。1946年，儿科放射学家约翰·凯菲（John Caffey）发表了一篇文章，最终点燃了医学界对虐待儿童问题的兴趣。[③] 凯菲描述了6名患有硬膜下血肿和腿部或手臂骨折的儿童。在凯菲的经典论文之后，一少部分医生提请人们注意一些儿童期伤害的虐待来源。1962年，儿科医生亨利·肯普（Henry Kempe）和他的同事发表了一篇轰动一时的文章，即《受虐儿童综合症》（the Battered Child Syndrome），将这一趋势

---

① 笔者所写的有关儿童保护史的书中，对玛丽·爱伦的案件进行了详细的论述。

② E. Elizabeth Glover &Joseph H. Reid, Unmet and Future Needs, 355 ANNALS AM. ACAD. POL. & SOC. SCI. 9, 14 (1964).

③ 见 John Caffey, Multiple Fractures in the Long Bones of Infants Suffering from Chronic Subdural Hematoma, 56 AM. J. ROENTGENOLOGY 163 (1946).

推向了高潮。[①] 在20世纪60年代和70年代，肯普在提请全国注意虐待儿童问题方面起了主导性作用。

随着医学界对虐待儿童问题的不断深入，媒体也开始关注。当地媒体总是报道些焦点性案件，例如一名儿童被殴打致死。但在60年代以前，国家媒体的报道并不多见。在《受虐儿童综合症》发表后，《新闻周刊》(Newsweek)、《周六晚间邮报》（Saturday Evening Post)、《父母杂志》(Parents Magazine)、《时代》(Time)、《好管家》（Good Housekeeping）和《生活》（Life）等全国性新闻媒体发表了一些有关虐待儿童的情感类新闻报道，经常引证《受虐儿童综合症》和亨利·肯普。例如，《新闻周刊》1962年4月的一篇报道就以《当他们愤怒时》[②] 为题，引用了肯普的话："去年11月的一天，我们的儿科病房里有4名受虐儿童。其中两人死于医院，一人四周后死于家中。每一个遭受如此严重毒打的儿童进入医院，必定有数以百计的儿童得到可信任的医生的治疗。受虐儿童综合症并不是一种可报告的疾病，但它本应如此。"[③]

1962年以前，几乎没有关于虐待的专业研究和著作。伊丽莎白·埃尔默指出，"关于虐待和疏于照顾问题的系统性研究明显不足。"[④] 在《受虐儿童综合症》出版后，相关著作如涓涓细流变成了奔腾不息的洪流，一直持续到了今天。

新闻报道和期刊文章引起了公众和专业人士的关注。与此同时，国会在1962年修订了《社会保障法》(the Social Security Act),[⑤] 重新强调了儿童保护。文森特·德·弗朗西斯（Vincent De Francis）评论道，1962年的修正案"首次将儿童保护服务确定为全国儿童福利的一部分"。[⑥] 除了加强对儿童保护的关注，1962年的修正案还要求各州承诺：到1975年7月1日，将在全州范围内提供儿童福利服务。这一要求促使政府扩大儿童福利

---

① 见 John Caffey, Multiple Fractures in the Long Bones of Infants Suffering from Chronic Subdural Hematoma, 56 AM. J. ROENTGENOLOGY 163 (1946).

② When They're Angry, Newsweek, Apr. 16, 1962, at 74.

③ 见 John Caffey, Multiple Fractures in the Long Bones of Infants Suffering from Chronic Subdural Hematoma, 56 AM. J. Roentgenology 163 (1946).

④ Elizabeth Elmer, Identification of Abused Children, 10CHILD. 180, 180 (1963).

⑤ Public Welfare Amendments of 1962, Pub. L. No. 87-543, §528, 76 Stat. 172, 172.

⑥ 见 Vinvent De Francis, Childres's Div., AM. Humane Ass'n, Child Protective Services: a National Survery (1967).

服务，包括保护服务。

1962 年对《受虐儿童综合症》的出版和《社会保障法》的修订都具有重大意义。同年，联邦儿童局召开了两次会议，决定如何更有效地帮助各州应对虐待儿童问题。包括亨利·肯普（Henry Kempe）和文森特·德·弗朗西斯（Vincent De Francis）在内的参会人员，建议各州立法要求医生向警方或儿童福利机构报告涉嫌虐待儿童的情况。这些会议成为儿童虐待报告法的起源，其中头四项于 1963 年颁布。到 1967 年，所有州都有了报告法。

随着报告法的实施，虐待儿童和疏于照管儿童问题受到广泛关注。到 1974 年，报告了大约 6 万例。1980 年，这个数字超过了 100 万。

1990 年，报告数量超过了 200 万份，2000 年，报告数量徘徊在 300 万份左右。21 世纪初，报告数量有所下降，但仍然很高。

在 19 世纪，除了报告法，儿童保护的另一个关键组成部分是寄养，即那些无法在家中安全生活的儿童最终被送往孤儿院或救济院。19 世纪，像查尔斯·洛林·布雷斯（Charles Loring Brace）这样的改革家支持尽量把这些孩子从孤儿院送往寄养家庭。从 19 世纪 50 年代到 20 世纪初，关于寄养和孤儿院照顾孰优孰劣的争论异常激烈。最终，寄养的支持者占了上风，救济院和孤儿院的支持者也就销声匿迹了。

在早期，寄养视为一项重大进步，也是众多受抚养儿童的最佳解决方案。然而，在 20 世纪的最后 25 年，一些人开始把寄养视为一大问题，而非解决方案。批判者哀叹，在任何时候都有近 50 万儿童被寄养，且有太多的儿童被“困”在家庭之外的看护中。此外，令人遗憾的是，有色人种儿童，尤其是非洲裔美国儿童，在寄养儿童中所占比例过高。[①] 然而，尽管存在问题，寄养仍是许多受虐待和疏于照顾的儿童的避风港。

五、联邦政府发挥主导作用

1974 年以前，联邦政府在保护儿童方面发挥的作用并不大。儿童局成立于 1912 年，但直到 20 世纪 60 年代，儿童局才开始关注虐待儿童的问题。1935 年的社会保障法，经 1962 年修订，联邦政府为扩大儿童福利服务提供资金。然而，直到 1973 年，美国参议员沃尔特·蒙代尔（Walter

① 见 generally U. S. Gov't Accountability Office，Gao 07 – 816，African American Children in Foster Care：Additional Hhs Assistance Needed to Help States Reduce the Proportion in Care（2007）.

Mondale）还写道，“在联邦政府中，我们找不到一名官员全职负责预防、识别和处理虐待和忽视儿童的问题。”①

由于沃尔特·蒙代尔（Walter Mondale）的极大努力，国会在1974年通过的《防止虐待儿童和治疗法》（the Child Abuse Prevention and Treatment Act，CAPTA）② 中扮演了主导角色。该法授权联邦基金改善州政府对身体虐待、疏于照顾和性虐待问题的对策，也特别关注改善的调研和报告。此外，该法还为培训、地域性多学科的儿童虐待和疏于照顾中心以及示范项目提供资金。负责管理《防止虐待儿童和治疗法》的是一个全新机构，即国家虐待和忽视儿童中心，该中心资助了有关虐待方面的重大研究。《防止虐待儿童和治疗法》在形成今天全国性的府儿童保护服务体系方面发挥了重要作用。此外，它标志着私人资助的非政府儿童保护协会的最终消亡。国会将定期更新之，这项重要的立法至今仍然有效。

1978年以前，多达25%到35%的美国原住民儿童因为被指控疏于照顾或虐待而带离父母，大多数被安置在非印第安人的寄养家庭、收养家庭和机构。1978年，国会颁布了《印第安儿童福利法》（Indian Child Welfare Act，ICWA）③，以减少美国土著儿童的流离失所的人数。国会意识到，“针对印第安部落的持续性和完整性而言，没什么比他们的孩子更重要”，“而且，由于非部落的公共和私人机构将他们的孩子带离家庭，往往是没有依据的，其中印第安家庭的比例高得惊人”。④ 为了减少不恰当地将印第安儿童带离他们的家园，该法规定，涉及永久居留在保留地的儿童，只有部落法庭才能对儿童的虐待和疏于照顾的案件作出裁决。涉及不居住在居留地的印第安儿童，州少年法庭可以做出迁出的决定，但必须通知孩子所在的部落，该部落有权介入。

在20世纪60年代的民权运动之前，跨种族的收养并不常见，包括路易斯安那州和得克萨斯州在内的几个州明令禁止跨种族收养。社工普遍认为，将儿童安置在具有相同种族背景的养父母家中是非常重要的。然而，

---

① Letter of Transmittal from Walter F. Mondale to Harrison A. Williams (Mar. 15, 1974), in Questions and Answers on Children and Youth of the Committee on Labor and Public Welfare, Child Abuse Prevention and Treatment Act, S. 1191, 93rd Cong. pt. VII (1974).

② Pub. L. No. 93 - 247, 88 Stat. 4 (1974)；亦可参见 Sanford N. Katz, Family Law in America 139 - 47 (2003).

③ Pub. L. No. 95 - 608, 92 Stat. 3069 (1978).

④ 同上，at §2 (3) - (4).

在20世纪60年代，法院推翻了反对跨种族收养的法律，于是，越来越多的白人父母收养有色人种的孩子。

20世纪70年代，全美黑人社工协会（the National Association of Black Social Workers）发起了一场反跨种族收养的运动。1972年，该协会发表了一份意见书，指出："黑人儿童只能被黑人家庭寄养或收养。黑人儿童在生理上、心理上和文化上都属于黑人家庭，以便他们能够全面地认识自己，并对未来作出良性预测。人是环境的产物，在家庭中形成了价值观、态度和自我概念。生活在白人家庭中的黑人儿童被剥夺了他们作为黑人的健康发展之路。"①

伊丽莎白·巴托勒特（Elizabeth Bartholet）写道，该协会的立场"得到了广泛的认同。当局承认黑人和土著印第安人有权坚持'自己的'权利。""……这一全新的正统观念很快确立起来。从整体来看，60年代的跨种族安置似乎只是短暂的反常现象。"② 辛西亚·霍金斯·利昂（Cynthia Hawkins－Leon）和卡拉·布兰德利（Carla Bradley）补充道，"为了坚持'协会'意见书的原则，收养机构开始制定和执行同种族安置政策。结果，全国范围内跨种族收养的人数急转直下。"③

不幸的是，如上所述，有色人种的儿童，尤其是非洲裔儿童，在寄养家庭中所占比例过高，而非洲裔儿童往往比白人儿童等待领养的时间更长。20世纪70年代，由于反对跨种族收养运动阻止了白人收养非洲裔儿童，这使问题更加严重。在20世纪80年代和90年代，要求降低领养的种族障碍的压力越来越大。于是，1994年，国会通过了《多民族安置法案》（the Multiethnic Placement Act，MEPA）。④ 该法禁止儿童福利机构以种族为由推迟或拒绝领养，但在做安置决定时，允许将种族作为参考因素。批评者认为，这会使反对跨种族收养的现状持续下去。1996年，国会修订了《多民族安置法案》，缩小了考虑种族因素的情形。根据1996年的修正案，在决定儿童的最佳安置时，儿童的种族通常是无关紧要的。只有在特定儿

---

① Nat'l Ass'n of Black Social Workers，Position Paper（Apr. 4－9，1972）（笔者有存档），该文件于1972年4月4日至9日在田纳西州纳什维尔举行的全国黑人社工协会会议上提出的。

② Elizabath Bartholet，Nobody's Children：Abuse and Neglect，Foster Drift，and the Adoption Alternative 124－25（1999）.

③ Cynthia G. Hawkins－Leon & Carla Bradley，Race and Transracial Adoption：the Answer Is Neither Simply Black or White nor Right or Wrong，51 CATH. U. L. REV. 1227，1239（2002）.

④ 42 U. S. C. § §671（18），1996b（2006）.

童的需要，使种族变得重要的情形中，社工才能考虑种族因素。

随着报告虐待儿童的法律和对儿童虐待问题意识的提升，对虐待儿童的干预也增强了。到20世纪70年代末，长期被寄养的儿童数量不断增加，这给国会敲响了警钟，导致了1980年《收养援助和儿童福利法》（the Adoption Assistance and Child Welfare Act，AACWA）① 的通过。该法要求各州“尽力”，避免将受虐儿童从其父母身边带走，如带离是必要的，需尽力使家庭团聚。每个被寄养的孩子都必须有一个“永久计划”以让孩子回家，或者终止父母权利。对于那些不能回家的孩子，国会为他们的收养提供了资金奖励。最后，该法还为收养了有特殊需求的儿童的养父母提供了财政支持。

尽力保护家庭，也称家庭保护，是《收养援助和儿童福利法》的关键部分，也是20世纪80年代儿童保护的主要模式。然而，在20世纪90年代，有批评者认为过度依赖家庭保护有时会导致悲剧。理查德·盖勒斯（Richard Gelles）是对家庭保护最强有力的批评者之一，他在1996年出版的《大卫之书：保护家庭怎能以牺牲孩子的生命为代价?》（the book of David：How preservation Families Can Cost Children's Lives）② 中，对家庭保护的有效性提出质疑。盖勒思写道：“为给儿童创造一个安全世界，首要的是，放弃儿童福利机构能够平衡保护儿童和保护家庭的目标这一幻想，而应采取以儿童为中心的家庭服务政策。这不是什么新政，而是回到1960年代初的政策，即将儿童安全确立为儿童保护制度的首要目标。是时候抛弃‘最好的寄养家庭不如边缘的生物家庭好’的神话了，生孩子的能力并不能保证夫妻有能力，或者将来有能力成为称职的父母。家庭团聚和家庭保护的政策失败是因其假定：只要提供适当和充分的支持，所有亲生父母都能成为合格的父母。”③

虽然《收养援助和儿童福利法》强调家庭团聚，帮助了众多儿童和父母，但生活在寄养家庭的儿童人数并没有减少。此外，盖勒思等人指责说，尽力的家庭保护政策导致社工和法官将儿童置于危险的家庭。1997年，国会通过了《收养和安全家庭法》（the Adoption and Safe Families Act，

① Pub. L. No. 96 – 272，94 Stat. 500（1980），

② Richard J. Gelles，the book of David：How Preserving Families Can Cost Children's Lives（1996）.

③ 同上，at 148 – 50.

ASFA)。[①] 虽然该法案没有放弃家庭保护，但它把儿童安全置于首位。当儿童被寄养时，该法规定了严格的时限，将孩子交还父母或终止父母的权利，孩子则被收养。在性虐待和长期身体虐待的情况下，该法则授权各州放弃重新整合家庭的努力，直接终止父母的权利。

六、儿童性侵害成为焦点

早在20世纪70年代末之前，许多遭受性侵的儿童已经受到保护。然而，对性侵的认识落后于对身体虐待的认识。1969年，文森特·德·弗朗西斯（Vincent De Francis）写道，社会工作“文献似乎缺乏这方面的参考或内容”。[②] 1975年，戴维·沃尔特斯（David Walters）写道：“几乎没有关于儿童性侵的文献。”[③] 同样是在1975年，苏珊娜·斯格罗（Suzanne Sgroi）写道，“过去十年，尽管许多著名专业人士和热心人士做出了开创性的努力，使虐待儿童成为全国性的议题。但在许多地区，儿童性侵害问题仍然是禁忌话题。”[④] 1977年，亨利·肯普（Henry Kempe）在一次演讲中称，“儿童和青少年遭受性侵害是另一个隐藏的儿童问题和被忽视的领域。”[⑤]

在20世纪70年代初，性侵害在很大程度上仍然是不起眼的，但这种情况即将改变。两大因素推动了全国关注性侵害问题。首先，在20世纪70年代的儿童保护制度，包括报告法，显著扩大。第二，新的研究揭示了性侵害的普遍性和危害性。

20世纪70年代末，美国首次设立由政府资助的全国儿童保护制度，颇具影响力的《防止虐待儿童和治疗法》（CAPTA）将性侵害纳入虐待的定义中。到1976年，所有州都制定了报告法，要求专业人员报告性侵害；扩大儿童保护制度，特别是报告法，使性侵害引起关注。

① Pub. L. No. 105 - 89, 111 Stat. 2115 (1997).

② Vinvent De Francis, Protecting the Child Victim of Sex Crimes Comitted by Adults 5 (1969).

③ David r. Walters, Physical and Sexual Abuse of Children: Causes and Treatment (1975).

④ Suzanne M. Sgroi, Molestation of Children: The Last Frontier in Child Abuse, Child Today, May - June 1975, at 18.

⑤ C. Henry Kempe, Sexual Abuse, Another Hidden Pediatric Problem: The 1977 C. Anderson Aldrich Lecture, 62 PEDIATRICS 382, 382 (1978). Kempe在该文第383页写道：“通常，儿科医生在评估一名情绪失调的儿童或青少年（无论男女）时，根本不会诊断为是因乱伦所致”。

20世纪70年代以前，有关性侵害问题的程度和影响的研究很少。[①] 文森特·德·弗朗西斯（Vincent De Francis）是首批敢于突破的人之一。1969年，德·弗朗西斯发表了他对布鲁克林（Brooklyn）250起性侵害案件的研究结果。[②] 他写道："儿童性侵害问题在国家层面是个未知数。但研究结果有力地指出，在全国范围内，儿童性侵害事件发生的概率比所报道的儿童身体侵害事件高出多倍。"[③] 在他的研究中，三分之二的儿童受到虐待和情感伤害。德·弗朗西斯总结道"成人性犯罪者的孩子是社区受保护最少的。他们经常成为父母疏于照顾的受害者，也几乎总是被社会所忽视，而社会一直没有意识到这一重大问题。"[④]

在德·弗朗西斯开创性的研究10年后，大卫·芬克霍尔（David Finkelhor）出版了《性受害儿童》（Sexually Victimized Children）。[⑤] 自1969年德·弗朗西斯控诉社会忽视性侵害问题以来，情况已大有改观。1979年，芬克霍尔写道："全国各地的儿童保护工作者反映，他们都被性侵害案件淹没了……多年来，公众的愤怒主要集中在那些伤痕累累、饱受折磨的儿童身上，而现在，人们开始关注性虐待问题。从1977年到1978年，几乎所有的全国性杂志都有报道，强调儿童性侵害的恐怖。"[⑥]

芬克霍尔对796名大学生进行了调查，发现"19.2%的女生和8.6%的男生在儿童期遭受过性侵害。"[⑦] 多数性侵害者是儿童所认识的人，却没有被报道。

当芬克霍尔完成其研究时，戴安娜·拉塞尔（Diana Russell）得到了类似的研究结论[⑧]。拉塞尔对930名女性进行了研究，发现16%的女性在

---

① 在20世纪70年代之前，人们对那些声称遭受过性侵害的女性和儿童持高度怀疑态度。有关20世纪70年代以前文献的分析，请参阅《美国儿童保护史》。

② Vinvent De Francis, Protecting the Child Victim of Sex Crimes Comitted by Adults 5 (1969).

③ Vinvent De Francis, Protecting the Child Victim of Sex Crimes Comitted by Adults 5 (1969). at vii.

④ Vinvent De Francis, Protecting the Child Victim of Sex Crimes Comitted by Adults 5 (1969). at 1.

⑤ David Finkelhor, Sexually Victimized Children (1979).

⑥ David Finkelhor, Sexually Victimized Children (1979). at 1.

⑦ David Finkelhor, Sexually Victimized Children (1979). at 53.

⑧ Diana E. H. Russell, Incidence and Prevalence of Intrafamilial and Extrafamilial Sexual Abuse of Female Children, 7 Child Abuse & Neglect (Special Issue) 2, 133-46 (1983).

童年时期受到家庭成员的性侵害①；31%的女性受到非亲属的性侵害。② 文森特·德·弗朗西斯、大卫·芬克霍尔、戴安娜·拉塞尔等人的探索性研究推翻了性侵害是罕见的或无害的观点。

七、1962年后的发展概述

1962年以后的这段时期，儿童保护取得了显著的进展。首次，全国各地的小城镇、农村和城市都提供了儿童保护服务。儿童保护的发展使成千上万的儿童受益。然而，讽刺地是，随着儿童保护制度的扩大，特别是要求专业人员报告涉嫌虐待和疏于照顾的法律的迅速实施，埋下了危机的种子。报告法引发了大量的案件，使儿童保护制度不堪重负。到了20世纪80年代，该制度只能勉强维持了。

八、结论

40年前，儿童保护先驱文森特·德·弗朗西斯（Vincent De Francis）曾哀叹，“没有一个州和社区制定了规模足够大的儿童保护服务（Child Protective Service）项目，以此满足被报告的儿童因疏于照顾、虐待和剥削的案件的服务需求。”③ 今天德·弗朗西斯会怎么说？我相信他会说，尽管今天的儿童保护制度仍存在许多问题，但与1960年代不完善的拼凑制度相比，是一个巨大的进步。今天，美国各地都提供儿童保护服务，数十亿美元用于儿童福利，成千上万专业人士尽其所能帮助挣扎中的父母和弱势儿童。

儿童保护系统每时每刻都在保护儿童。不幸的是，公众很少听说儿童保护的成功案例。事实上，儿童保护唯一能登上头版或晚间新闻的时候，就是出现严重问题的时候：即社工未能将最终死亡的濒危儿童带离家庭，或者在不应该带离孩子的时候，社工却将其带离了。在艰难的儿童保护工作中，过度干预和干预不够，这两种情况都是难以避免的。然而，公众只听到了儿童保护的失败的案例，这削弱了人们对儿童保护制度的信心。事

① Diana E. H. Russell, Incidence and Prevalence of Intrafamilial and Extrafamilial Sexual Abuse of Female Children, 7 Child Abuse & Neglect（Special Issue）2, 133 – 46（1983）.

② Diana E. H. Russell, Incidence and Prevalence of Intrafamilial and Extrafamilial Sexual Abuse of Female Children, 7 Child Abuse & Neglect（Special Issue）2, 133 – 46（1983）.

③ Vinvent De Francis, Children's Div. AM. Humane Ass'n, Child Protective Services: a National Survey（1967）. at 11.

实上，这个制度挽救了儿童的生命和未来。当你读这句话的时候，某个地方的社工正做着保护儿童的决定。回顾历史时，我们会清晰意识到：保护儿童的努力不是一部失败的历史，而是一部进步和希望的历史。儿童保护制度远非十全十美，还有很多工作需要做，但与此同时，也已经取得了许多成就。

银行汇款方式：

开户银行：工行王府井金街支行

账　　号：0200000709004606170

开户名称：人民法院出版社

传　　真：010—67550541

邮　　箱：fysgzzz@163.com

邮局汇款方式：

邮　　编：100745

地　　址：北京市东城区东交民巷27号

联 系 人：人民法院出版社工作总站

咨询电话：010－67550536/67550538

网　　址：www.courtpress.com.cn

人民法院出版社收款凭证　　2019年　月　日

代号	书名	定价	邮费	合计	订数	金额
K201401	司法文件选（2019年1－12辑）	72.00	10.80	82.80		
K201402	司法文件选解读（2019年1－12辑）	84.00	12.60	96.60		
K201408	民事审判指导与参考（2019年1－4辑）	200.00	30.00	230.00		
K201509	商事审判指导（2019年1－2辑）	100.00	15.00	115.00		
K201406	中国少年司法（2019年1－4辑）	200.00	30.00	230.00		
合计金额	仟　佰　拾　元　角　分					

人民法院出版社书刊发行单

订购单位			
详细地址		邮政编码	
联系人		联系电话	

代号	书名	定价	邮费	合计	订数	金额
K201401	司法文件选（2019年1－12辑）	72.00	10.80	82.80		
K201402	司法文件选解读（2019年1－12辑）	84.00	12.60	96.60		
K201408	民事审判指导与参考（2019年1－4辑）	200.00	30.00	230.00		
K201509	商事审判指导（2019年1－2辑）	100.00	15.00	115.00		
K201406	中国少年司法（2019年1－4辑）	200.00	30.00	230.00		
合计金额	仟　佰　拾　元　角　分					

注：请将此订单填写清楚后寄回或传真给我社发行中心。

如需发票，请注明。

欢迎订阅

2019 年度连续出版物

《司法文件选》丛书由最高人民法院研究室编，人民法院出版社出版发行。本丛书按月选入最新发布的重要法律、法规以及最高人民法院、最高人民检察院或会同有关部门发布的有关司法业务的解释、规定、通知、答复、指导案例等，是广大司法工作者做好业务工作必不可少的工具书。本书每辑定价 6.00 元，全年 12 辑，共 72.00 元。

《司法文件选解读》丛书由最高人民法院研究室编，人民法院出版社出版发行。以《司法文件选》的编选内容为基础，对《司法文件选》中涉及的法律法规及司法解释等法律文件进行解读。解读的形式包括法律文件的立法背景、立法部门的权威解读、法律文件的起草单位负责人答记者问等相关重要资料。开本与《司法文件选》同为 32 开，页数为 64 页。本书每辑定价 7.00 元，全年 12 辑，共 84.00 元。

《民事审判指导与参考》由最高人民法院民事审判第一庭编。该书自 2011 年起由人民法院出版社出版，旨在传播最高人民法院和地方各级人民法院的优秀民事审判工作经验，对最新疑难经典案例进行探讨与解析，提供审判实践中解决疑难问题的思路，是最高人民法院民一庭履行对下指导的工作平台。全年四辑，每辑 50 元，共 200 元。

《商事审判指导》由最高人民法院民事审判第二庭编。本书刊登最高人民法院关于商事审判工作的指导意见、司法解释及其理解与适用、典型案例评析、重要裁判文书等，具有指导性、权威性。全年两辑，每辑 50 元，共 100 元。

《中国少年司法》丛书由最高人民法院副院长杨万明任主编，最高人民法院少年法庭指导小组编辑。全书设置了有关少年司法工作的政策与精神、法官论坛、改革与探索、理论与实务研究、典型案例、裁判文书以及规范性文件等栏目。本书的出版，旨在切实加强对少年司法工作相关问题的研究、加强对全国少年法庭工作的指导、强化相关方面的调查研究和理论探讨。本书对各级人民法院少年审判工作、相关政法部门少年司法执法工作和有关社会组织的未成年人权益保护工作，都有重要的指导作用。全年四辑，每辑 50 元，共 200 元。

上述图书，邮购请加15% 邮费。